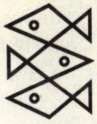

Jürgen Staud

W0052355

Schmutz, Slums, Industrie, zusammengepferchte Menschen, ständig neue Epidemien ... – Kritik an der modernen Großstadt hat es seit ihrer Entstehung im 19. Jahrhundert immer gegeben. Auf der anderen Seite stehen die neuartigen Möglichkeiten großstädtischen Lebens: reichhaltige Kulturangebote, gut ausgebaute Verkehrsnetze, eine Infrastruktur, die das Leben der Menschen entscheidend verändert hat.

Manchester, St. Petersburg, München und Barcelona sind die vier faszinierenden, ebenso typischen wie eigenwilligen Metropolen, deren wechselvolle Geschichte Clemens Zimmermann hier vergleichend ausbreitet – mit Blick auf die jeweiligen gesellschaftlichen und kulturellen Hintergründe.

Clemens Zimmermann, geboren 1951, studierte Neuere Geschichte, Politikwissenschaft und Germanistik in Tübingen, Freiburg und Heidelberg. Dr. phil., seit 1991 lehrt er als Hochschuldozent am Institut für Sozial- und Wirtschaftsgeschichte in Heidelberg.

Europäische Geschichte

Herausgegeben von Wolfgang Benz

Konzeption: Wolfgang Benz,
Rebekka Habermas und Walter H. Pehle

Wissenschaftlicher Beirat:

Natalie Zemon Davis, Princeton
Richard van Dülmen, Saarbrücken
Richard J. Evans, London
Bronislaw Geremek, Warschau
Hermann Graml, München
Eric J. Hobsbawm, London
Lásló Kontler, Budapest
Arno J. Mayer, Princeton
Wilfried Nippel, Berlin
Jean-Claude Schmitt, Paris

Europäische Geschichte

Clemens Zimmermann

Die Zeit der Metropolen

Urbanisierung und Großstadtentwicklung

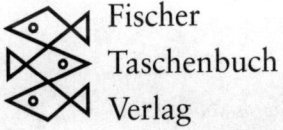

Fischer
Taschenbuch
Verlag

Originalausgabe
Veröffentlicht im Fischer Taschenbuch Verlag GmbH,
Frankfurt am Main, Oktober 1996

© 1996 Fischer Taschenbuch Verlag GmbH, Frankfurt am Main
Alle Rechte vorbehalten
Redaktion: Tanja Hommen
Gesamtherstellung: Clausen & Bosse, Leck
Printed in Germany
ISBN 3-596-60144-4

Gedruckt auf Munken Print Extra der Papierfabrik Munkedal AB, Schweden

Inhalt

Einleitung:
Die Geburt der europäischen Großstadt

Stadtluft macht krank.
Stadtkritik und Städtegeschichte

1993 fand im baden-württembergischen Landtag eine Debatte über die gegenwärtige Großstadtentwicklung statt. Die Abgeordneten aller Fraktionen entwarfen dabei ein Schreckensszenario, das in der Öffentlichkeit weitverbreiteten Auffassungen entspricht: Kinder könnten nicht mehr im Freien spielen und würden für radikale Parolen anfällig, weil sie Heimat und Bindung verlören. Mittelschichten wanderten in Vorstädte ab, und gestrandete Personen aus dem Umland suchten im Stadtzentrum Zuflucht. Yuppies bewohnten die restaurierten Jugendstilviertel der Metropolen, während eine politisch nicht artikulationsfähige Armenbevölkerung in unattraktive Marginalgebiete vertrieben werde. Bald habe man es in Deutschland mit »amerikanischen« Verhältnissen zu tun; Stadtluft mache nicht mehr frei, sondern krank.[1]

Solche Vorstellungen sind keineswegs neu. Das Argument, die Großstadt mache krank, fand sich schon vor einhundert Jahren in medizinischen Fachzeitschriften. Auf noch früher geäußerte Befürchtungen verweist die Debatte darüber, ob unterschiedliche Wohnqualitäten in soziale und politische Polarisierungen umschlagen könnten. Sicherlich unterliegen solche Mythen über die Großstadt genauso der Veränderung wie diese selbst, aber die Muster, nach denen die heutige städtische Wirklichkeit wahrgenommen wird, lagen bereits der Stadtkritik vergangener Jahrzehnte zugrunde.

Stereotype und Traditionen sagen etwas darüber aus, wie man die Großstadt charakterisiert sieht, und hierbei gibt es bezeichnende nationale Prägungen, die auf den jeweiligen Verlauf von Urbanisierungsprozessen zurückgehen und besondere kulturelle Hintergründe widerspiegeln. So war fundamentale und antimodernistische Großstadtkritik im Deutschland des 19. und frühen 20. Jahrhunderts verbreiteter als etwa in Großbritannien. Außerdem tendierte die deutsche Diskussion sehr viel mehr als die britische dazu, die Großstadt aus biologischer und bevölkerungspolitischer Sicht anzugreifen.[2] Aus zivilisationskritischer Warte wurden die Nervenzerrüttung und Degeneration des »modernen« Großstädters, seine Rastlosigkeit und Entfremdung vorgeführt. In den Großstädten schien sich die Vernichtung höherwertiger Rassen zu vollziehen.[3] Kritik der Moderne am Paradigma der Großstadt gewann als politisch wirksame Ideologie ein ausgeprägtes Eigenleben. Dabei gab es stets auch solche Positionen, denen es um Reform und Weiterentwicklung der Städte ging. Obwohl der medizinischen Stadtinterpretation des 19. Jahrhunderts negative Stereotypen über die Stadtentwicklung in vielfältiger Weise zugrunde lagen, diente sie doch dazu, ein großangelegtes Programm der »Assanierung«, d. h. der sozialhygienischen Stadtreform in Gang zu setzen, dessen Erfolge um die Jahrhundertwende nicht mehr ignoriert werden konnten. Nachdem mit der Senkung der großstädtischen Sterblichkeitsraten einem alten antiurbanistischen Argument der Boden entzogen war, konnte der Gegensatz von Stadt und Land nicht mehr länger als pathogen einerseits und gesund andererseits beschrieben werden. Dies bedeutete aber nicht, daß damit jede biologisch argumentierende Großstadtkritik erledigt gewesen wäre.[4]

Im die Wahrnehmung der Großstadt widerspiegelnden »Industrieroman« wiederum zeigt sich, daß neben harten Attacken stets auch Stolz auf das Erreichte und den triumphierenden Fortschritt mitschwang.[5] Die großen Städte waren im 19. Jahrundert sowohl »Verheißung, Sinnbild von Urbanität, Gegenstand utopischer Entwürfe« als auch »Symbol für Chaos, für Bedrohung, für die unmenschliche Welt von morgen«.[6] Solche ambivalenten Deutungen lassen die Frage entstehen, wie die komplexe Wirklichkeit der Metropolen im Urbanisierungszeitalter beschrieben werden kann. War die Großstadt ein Ort der Anonymität und Entfremdung, als der sie lange in der Literatur- und Stadtsoziologie beschrieben wird, oder ein Ort neuer Bindungen und Interaktionen zwischen den Stadtbewohnern? Waren städtische Lebensformen identisch mit dem

Programm der Moderne, wie ebenfalls immer wieder unterstellt wird? Welche Wechselwirkungen bestanden zwischen den sozialen, ökonomischen und kulturellen Manifestationen der Großstadt? Und auf welche gesellschaftlichen Basisprozesse ging die Großstadtentwicklung zurück?

Städtegeschichte und Urbanisierungsforschung

Der städtische Raum strukturierte alle Arten sozialer Interaktion und war nicht nur Rahmen für soziale Beziehungen. Die Bildung von Vororten oder Einwanderervierteln beeinflußte das soziale Verhalten ebenso wie die Ansiedlung von Industriebetrieben. Individuen und Klassen in der Stadt nahmen ihren Raum unterschiedlich wahr und nutzten ihn auf verschiedene Weise: besuchten die einen in ihrer Freizeit Kneipen, wandten sich andere den Theatern oder Museen zu. In den modernen Großstädten entstanden räumlich und sozial getrennte Handlungs- und Sozialisationsräume. Sie zu untersuchen ist eine der Aufgaben der modernen Städtegeschichte, die in der Regel mikroanalytisch verfährt, während die Urbanisierungsgeschichte als zweite historische Teildisziplin, die sich mit den Städten beschäftigt, eher makroanalytisch orientiert ist. Moderne Städte- und Urbanisierungsgeschichte sind somit nicht deckungsgleich, gehen aber vielfach von denselben erkenntnisleitenden Prämissen aus.[7]

»Urbanisierung« hat im wissenschaftlichen Sprachgebrauch eine doppelte Bedeutung. Gemeint ist zunächst der quantitative Begriff, mit dem das schnelle Städtewachstum des 19. und 20. Jahrhunderts, also ein demographisches Phänomen, charakterisiert wird. Die wachsende Bevölkerung Europas konzentrierte sich in Städten, und dieser fundamentale Prozeß wird als »Verstädterung« bezeichnet. Mit »Urbanisierung« als qualitativem Begriff wird demgegenüber versucht, über die Phänomene der Konzentration von Bevölkerungen hinaus die Herausbildung und Verbreitung der »urbanen« Lebensformen zu beschreiben, wie sie sich besonders in den großen Städten des 19. Jahrhunderts entwickelten. Historische Urbanisierungsforschung fragt nach den innovativen Elementen der Großstadtkultur, aber auch nach dem Nebeneinander ganz unterschiedlicher Lebensweisen in der kulturell und räumlich differenzierten Stadt. So wird heute die hohe Komplexität des Großstadtphänomens unterstrichen, das Gleichzeitige von Spekulation und Stadtplanung, von Avantgarde und Traditionskunst, von Kunst und Kommerz samt allen Brüchen und Querverbindungen bei den sozialen Auseinandersetzungen um die Gestaltungsqualität der Stadt. Zugleich sind Städte die Forschungsobjekte, an denen allgemeine gesellschaftliche Prozesse hinsichtlich ihrer konkreten Auswirkungen auf Gruppen der Stadtbevölkerung verdeutlicht und Aspekte gesamtgesellschaftlichen Wandels in einen erklärenden Zusammenhang gebracht werden können.

Historiker wie Paul M. Hohenberg und Lynn H. Lees, die bis ins Jahr 1000 zurückgingen, sahen zwischen älterer und moderner Stadtgeschichte vor und nach 1800 eine grundlegende Zäsur. Ähnlich unterschied Jan de Vries[8] drei aufeinanderfolgende Phasen der Verstädterung. Die erste sollte von 1500–1700 reichen. Dieser sei eine zweite Phase gefolgt, die vom Wachsen des öffentlichen Sektors geprägt worden sei; schließlich habe nach 1750 eine dritte, stärker industrialisierungsbestimmte Phase eingesetzt, in der aber immer noch die Hierarchien zwischen Städten mit ihren festgefügten Austauschbeziehungen, also die Städtesysteme der Frühen Neuzeit, ihre strukturierende Kraft behalten hätten. Während der Frühen Neuzeit änderte sich wenig an der Verteilung der Bevölkerung auf Stadt und Land, im Gegensatz zur rasanten Verstädterung des 19. Jahrhunderts. Diese Zäsur in der Stadt- und Verstädterungsgeschichte zeigt sich ebenfalls, wenn man die veränderten Funktionen der Städte im Industrialisierungsprozeß betrachtet und neue kulturelle Phänomene wie bürgerliche und populäre Kultur einbezieht. Die großen Städte im 19. Jahrhundert waren nicht mehr zwingend durch ihre rechtlichen Privilegien definiert, sie wiesen eine neue Größenordnung auf, und ihr Wachstum war mit »tiefreichenden Umstrukturierungen und Differenzierungen innerhalb des Stadtgebiets« verbunden.[9] Bei der Masse der frühneuzeitlichen Städte handelte es sich um kleine Marktstädte von 2000 bis 5000 Einwohnern, in denen das landwirtschaftliche Element noch eine große Rolle spielte. Erst das 19. Jahrhundert brachte die Industriegroßstadt als dominanten Typ hervor. Stadtentwicklung sollte zwar weiterhin mit den Transformationen der ländlichen Gesellschaft in Beziehung stehen, aber die städtische Ökonomie war nun nicht mehr abhängig von agrarischen Konjunkturen, vielmehr gewannen die großstädtischen Wirtschafts- und Steuerungspotentiale maßgeblichen Einfluß auf die Volkswirtschaften und die zusammenwachsenden Finanzmärkte.[10] Ältere Gewerberegionen wie Flandern verschwanden von der Landkarte, neue urbane Zentren wuchsen aus den ursprünglich ländlichen Standorten. In den neuen Ballungsgebieten wie Lancashire oder Oberschlesien zeichnete sich bereits um 1850 die heutige »Megalopolis« der Dritten Welt ab. Entsprechend änderte sich der Stadtbegriff: Während die ältere Stadt eindeutig rechtlich definiert war, sind die Kriterien für die modernen Städte wesentlich komplexer geworden. Aus der Sicht der Geographie etwa, die ebenso wie andere Disziplinen maßgebliche Kategorien für die heutige Urbanisierungs- und Städtegeschichte entwickelt hat, sind Städte durch ihre Größe gekennzeichnet, durch das Übergewicht von sekundären und mehr noch tertiären Funktionen, durch ein weit gefächertes Berufsspektrum und insbesondere durch ihre Zentralitätsfunktionen für die umliegenden Regionen. Um Städte miteinander vergleichen und Verstädterungsprozesse exakt erfassen zu können, geht die Forschung von einem quantitativen Stadt- und Verstädterungsbegriff aus. Städte werden als Orte mit einer bestimmten Mindestgröße definiert, d. h., man setzt Schwellenwerte an und abstrahiert bewußt von der Frage, ob es sich dabei um Städte im rechtlichen Sinn, also mit offizieller Anerkennung handelte. Analog wird Verstädterung als wachsender Anteil der in Städten lebenden Bevölkerung begriffen.[11]

Die Verstädterung im 19. Jahrhundert

Das 19. Jahrhundert war entscheidend für die Verstädterungsgeschichte Europas. 1700 lebten erst 13 Millionen und 1800 19 Millionen Menschen in Städten, bis 1900 versechsfachte sich diese Zahl auf 108,3 Millionen. Zu Beginn des 20. Jahrhunderts beschleunigte sich das Wachstum sprunghaft. Insgesamt verdreifachten sich bis 1980 die städtischen Bevölkerungen noch einmal auf 301 Millionen. Innerhalb des gesamten städtischen Wachstums ist die Steigerung der Zahl von Großstädten im 19. Jahrhundert (von 21 auf 147) ein ebenso auffallendes Phänomen wie in unserem Jahrhundert die Vermehrung der Zahl von großstädtischen Riesenagglomerationen mit mehr als einer Million Einwohnern (zwischen 1900 und 1980 von neun auf 110).[12]

In den europäischen Ländern verlief der Verstädterungsprozeß während des 19. und frühen 20. Jahrhunderts sehr unterschiedlich. England war im 19. Jahrhundert der Vorreiter in Europa und behielt den Vorsprung gegenüber Deutschland bis ins 20. Jahrhundert bei. Unterschiede zeigen sich auch hinsichtlich des Zusammenhangs von Verstädterung und Industrialisierung, der in England und Deutschland besonders eng, in Frankreich und Rußland zunächst weniger stark ausgeprägt war.

Existierte in England und Wales 1801 außer London mit 865 000 Einwohnern noch keine weitere Großstadt, gab es 1851 schon neun mit zusammen 4,45 Millionen Einwohnern. 1911 lebten 15,8 Millionen Einwohner von England und Wales in Großstädten, das waren 34,6 % der Gesamtbevölkerung.[13] Dabei sind verschiedene Wachstumsphasen festzustellen, die in engem Zusammenhang mit dem jeweiligen Tempo industrieller Expansion standen. Bis zu den 1820er Jahren nahm die Zahl von Städten bereits stark zu, wobei sich das städtische Wachstum in den Zentren der Textil- und Metallverarbeitung des nördlichen und mittleren Englands konzentrierte. Industrieregionen wie Lancashire profitierten von der an die Textilindustrie gebundenen Entwicklung der Maschinenindustrie und vom Ausbau des Kanalnetzes. In der zweiten Urbanisierungsphase nach 1830 expandierten die englischen und walisischen Städte in raschem Tempo. Ökonomische Standortvorteile und die vielfältige Anwendung technischer Innovationen in der mechanischen Weberei spielten dabei eine wichtige Rolle, wie im östlichen Lancashire beobachtet werden kann, wo im Jahre 1850 64 % aller Arbeitskräfte in der britischen Baumwollindustrie beschäftigt wurden. Insgesamt wuchs in England die Bevölkerung in Industriezentren rascher als die sonstige städtische Bevölkerung. Während es sich um die Jahrhundertmitte bei der Masse der Städte um Orte mit bis zu 5000 Einwohnern handelte, wies die durchschnittliche Industriestadt bereits eine Einwohnerzahl von 20000 bis 50000 aus. Viele dieser industriellen Mittelpunkte übernahmen in der Folgezeit weitere Funktionen, vor allem entstand dort ein dichtes Netz an Einzelhandelsgeschäften. In der zweiten Jahrhunderthälfte entwickelten sich die Städte dort am schnellsten, wo die industriellen Wachstumsraten am ausgeprägtesten waren. Dieses Wachstum fand auf einer breiten und diversifizierten ökonomischen Grundlage statt. Die inzwischen als traditionell zu bezeichnende Metall- und Baumwollindustrie verlor an Gewicht. Dagegen expandierten die Branchen Maschinen- und Gerätebau, Nahrungsmittel, Druck, Papierverarbeitung, Gaswerke und Chemie. Diese Entwicklung war mit regionalen Umschichtungen verbunden. Städte in neuen Produktionsregionen des Südostens expandierten, obwohl es hier keinen direkten Zugang zur Kohle gab. Außerdem entwickelte sich nun verstärkt der Dienstleistungssektor. Neue Eisen- und Stahlproduktionsstandorte wie Barrow oder Maschinenbauzentren wie Ashford und Birkenhead traten in der Städtelandschaft hervor. Auch die Form städtischen Wachstums hatte sich während dieser Phase verändert. Vor dem Ausbau von Nahverkehrssystemen bewegte man sich in der Stadt hauptsächlich zu Fuß fort, Wohn- und Arbeitsplätze waren räumlich nicht getrennt oder lagen nah beieinander. Die Einführung der Eisenbahnen brachte zunächst noch keine tiefgreifenden Veränderungen im innerstädtischen Verkehr mit sich. Erst durch den Ausbau der Nahverkehrsnetze, zunächst der Pferdebahnen, dann der elektrischen Straßenbahnen und der S- und U-Bahnen, begannen die Vororte rapide zu wachsen. So war der Faktor Verkehr maßgeblich für die sternförmige Ausbreitung von Großstädten entlang der Verkehrslinien und für die Entstehung von Konurbationen oder Agglomerationen.

In Frankreich lag 1850 der Anteil der städtischen Bevölkerung (Orte über 5000 Einwohner) erst bei 19 % (England / Wales: ca. 45 %), sollte sich dann aber bis 1910 verdoppeln (vgl. Tabelle 1). Mit Lyon und Marseille gab es 1821 neben Paris erst zwei Großstädte. Das Wachstum der Städte setzte in der zweiten Jahrhunderthälfte

Tabelle 1: Die Verstädterung im 19. und 20. Jahrhundert [14]
(Anteil der Bevölkerung in Orten über 5 000 Einwohnern in %)

	Europa	England	Frank-reich	Deutsch-land	Nieder-lande	Spanien	Rußland/ Sowjet-union
1800	12	23	12	9	37	18	6
1850	19	45	19	15	39	18	7
1910	41	75	38	49	53	38	14
1950	51	83	48	53	75	55	34
1980	66	79	69	75	82	73	61

also bei einem niedrigeren Ausgangsniveau an und beschleunigte sich dann außerordentlich. Paris behielt seinen großen Abstand zu anderen größeren Städten bei. Die Bevölkerung der Hauptsadt verfünffachte sich von 548 000 Einwohnern (1801) auf über 2,5 Millionen Einwohner (1896), während die nächstfolgenden elf Städte im selben Zeitraum insgesamt nur einen Zuwachs von 617 000 auf 1 820 000 Einwohner verzeichneten. Seit der Jahrhundertmitte wuchsen die Städte im Norden und Nordosten schneller als die im Süden des Landes. Wie ungleichmäßig das Wachstum benachbarter Städte verlief, zeigt sich daran, daß sich die Einwohnerzahl in Châtellerault mit seiner Waffenindustrie von 8400 Einwohnern (1801) auf 20 000 (1896) mehr als verdoppelte, es jedoch im nahegelegenen Poitiers, traditionell ein kirchliches Zentrum, sehr ruhig blieb: »Der Straßenlärm (Châtelleraults) kontrastiert mit der Stille von Poitiers, von dem es weiterhin abhängig ist. Châtellerault ist immer noch so jung, daß es von Tag zu Tag zu wachsen scheint, während Poitiers einem wie der Kadaver einer großen Stadt vorkommt. Die alte Provinzhauptstadt hat kein Leben mehr in sich. Ihre Industrie ist ein Nichts, ihre Versorgung schwierig, ihre Märkte sind begrenzt.« [15]

In der ersten Hälfte des 19. Jahrhunderts veränderte sich das tradierte Städtesystem in Frankreich noch nicht grundlegend, so wie auch der Zusammenhang von Industrialisierung und Urbanisierung relativ gering ausgeprägt war. Vielfach intensivierten sich, besonders im Süden, mehr die kommerziellen als die industriellen Funktionen der bestehenden Städte: Nîmes z. B. verlor an Bedeutung als Mittelpunkt der ländlichen Seidenherstellung, gewann aber an Wichtigkeit als Weinhandelszentrum. Zur Ausbildung großer industrieller Agglomerationen wie in England und Deutschland kam es nur in begrenztem Umfang. Allerdings entstanden isoliert gelegene Siedlungen wie Montceau-les-Mines, Le Creusot und Decazeville aus dem Nichts, und beim »französischen Manchester« Saint-Étienne, das 1851 auf 56 000 Einwohner angewachsen war, wiederholte sich das englische Wachstumsmodell.

In der zweiten Hälfte des 19. Jahrhunderts wurde die Verstädterung auch in Frankreich stärker industrialisierungsabhängig: Dies zeigt sich an der Konzentration des urbanen Wachstums auf die Bergbauregionen des Nordens und Lothringens sowie in Lyon, das den Übergang von der Proto- zur Maschinenindustrie erfolgreich vollzog. Zugleich änderte sich nach 1850 die Form urbanen Wachstums: bemerkenswert sind besonders die Pariser Vorstadtentwicklung, die wachsende Schere zwischen beschleunigtem Metropolenwachstum und verhaltener Entwicklung von Provinzstädten, die Agglomerationsbildung in den Bergbaugebieten und der Industrialisierungsschub in Paris am Ende des Jahrhunderts.

Für Preußen[16] kann man nach 1840 von einem Städtewachstum als Folge der Industrialisierung sprechen. In erster Linie expandierten Textilstädte, die schon nach 1815 das Wachstum angeführt hatten, wie Barmen-Elberfeld sowie neue Schwerindustriestädte an Saar und Ruhr aufgrund ihres Reichtums an natürlichen Bodenschätzen. Das Ruhrgebiet war um 1800 noch ein agrarisches Gebiet mit kleinen Handelsstädten bis 5000 Einwohner. Schließlich brachte der Industrialisierungsschub nach 1850 eine Großregion mit einer zwei Millionen umfassenden Bevölkerung hervor, von der die Hälfte in fünf Großstädten wohnte, die teils aus Industriedörfern (Gelsenkirchen), teils aus älteren Kleinstädten (Dortmund) erwachsen waren.

In der Hochindustrialisierung, die man für Deutschland auf die Zeit von 1870 bis 1910 datiert, wurde der Zusammenhang von Industrialisierung und Städtewachstum enger. Dies ist ein allgemeines europäisches Phänomen. Es zeigt sich z. B. in Preußen an der dramatisch expandierenden Schwer- und Maschinenindustrie. Duisburg, Dortmund, Essen und Augsburg wuchsen nun um das Dreieinhalb- bis Fünffache, Gelsenkirchen sogar um das Zehnfache. Ein berühmtes Beispiel für das Wachsen von Zechengemeinden, denen aufgrund politischer Vorbehalte lange der Status einer »Stadt« verweigert wurde, war Hamborn (späterer Ortsteil von Duisburg), das mit einer jährlichen Wachstumsrate von über 17 % im Jahre 1910 mit über 100 000 Einwohnern das größte »Dorf« Preußens war und erst 1911 Stadtrecht erhielt. Besondere Wachstumszentren bildeten durchindustrialisierte Orte wie Wattenscheid, Kattowitz, Saarbrücken oder Leverkusen. Aber auch die älteren Textilstädte wie Elberfeld, Barmen und Krefeld waren noch nicht am Ende ihres Wachstums angekommen, weil sie vom humanen Kapital einer Facharbeiterschaft profitieren konnten. Dazu kam eine Gruppe unter den größeren deutschen Städten, die von ihrer zunehmenden Bedeutung als Verwaltungszentren profitierten: Beispiele sind Münster, Bonn, Frankfurt a. M. und Allenstein.

Ein Beispiel für einen im gesamteuropäischen Vergleich verspäteten Verstädterungsprozeß, der sich allerdings seit dem Ende des 19. Jahrhunderts stark beschleunigte, ist Rußland. 1910 lebten 14 % der Bevölkerung in Städten; 1800 waren es 6 %. Der Durchbruch der Urbanisierung fällt erst in die Periode des bolschewistischen Modernisierungsregimes. Während die Städte bis zur Jahrhundertmitte nur wenig wuchsen – am auffälligsten war die Expansion St. Petersburgs, Moskaus und des Fernhandelshafens Odessa –, nahm das Städtewachstum danach an Tempo zu. Nach 1870 erlebte das russische Reich bis zum Ersten Weltkrieg eine Verdreifachung der städtischen Bevölkerungen, wobei die Großstädte besonders ausgeprägte Anziehungspunkte waren. Bis zu diesem Zeitraum waren die Beziehungen zwischen Industrialisierung und Verstädterung wenig ausgeprägt. Zum einen engagierte sich der Landadel, z. T. mit leibeigenen Bauern, stark in protoindustriellen und industriellen Aktivitäten, während es in den Städten kaum Gruppen gab, die sich zu einer industriellen Unternehmerschaft hätten entwickeln können. Zum anderen erschwerte nach 1861 die Institution der Dorfgemeinde (obščina) die Abwanderung der bäuerlichen Bevölkerung.

Noch 1897 lebten nur 48 % der 4,2 Millionen Industriebeschäftigten in Städten. Allein knapp 20 % konzentrierten sich in den fünf großen Industriezentren St. Petersburg, Moskau, Riga, Lodsch und Warschau, wo die Nachfrage der städtischen Konsumenten die Entwicklung der Leichtindustrie förderte und wo über Banken und Börsen die Finanzierung industrieller Aktivitäten möglich war. Außerdem hob sich seit dem Ende des 19. Jahrhunderts immer stärker die industrielle Verdichtungsregion Odessa/Schwarzmeerbecken ab, wo allerdings zahlreichen Industriedörfern durch die zaristischen Behörden der städtische Status verweigert wurde, so daß sie trotz ihrer erheblichen Einwohnerzahl in der Städtestatistik nicht erfaßt wurden.[17]

Städtewachstum und Wanderungsbewegungen

Auf demographischer Ebene lagen dem Wachsen der städtischen Bevölkerungen zwei Basisprozesse zugrunde: das natürliche Bevölkerungswachstum und umfangreiche Wanderungsbewegungen. In Preußen 1875–1910 betrug der Zugewinn durch die Wanderungsbewegungen ein Drittel des Zuwachses der städtischen Bevölkerungen. Über die Hälfte des Anstiegs der städtischen Einwohnerzahlen ging auf den Geburtenüberschuß zurück, der Rest auf Eingemeindungen. Hingegen lag in Frankreich, wo eine »Landflucht« stattfand, bei der größere Teile der Bevölkerung aus verarmten Departements wie Ariège, Aveyron und den Pyrénées-Orientales in Städte abwanderten, und wo vor dem Zweiten Weltkrieg 25 der 90 Departements weniger Bevölkerung als 1801 hatten, die Bedeutung der Wanderungen für die Stadtentwicklung weitaus höher.

In Frankreich vollzog sich die Abwanderung in Städte (am Ende des 19. Jahrhunderts) in mehr als der Hälfte der Fälle innerhalb der jeweiligen Departements, d. h. im Nahbereich. Bei der Entstehung des Ruhrgebiets und in Teilen Rußlands spielten dagegen Wanderungsbewegungen über größere Distanzen eine entscheidende Rolle.

Wanderungsbewegungen erfolgten aber nicht nur in die Städte und Industriezentren, sondern auch zurück aufs Land. Die Land-

Stadt-Wanderungen dürfen nicht als Einbahnstraße aufgefaßt werden, vielmehr muß man zwischen dem ganz erheblichen Wanderungsvolumen und dem geringeren Wanderungsgewinn unterscheiden. Bis zu 80 % der ländlichen Zuwanderer kehrten wieder aufs Land zurück (etwa zu Erntearbeiten) oder wandten sich anderen Großstädten zu. Nicht jeder Wanderungsvorgang führte zum ständigen Aufenthalt in den Städten. In nicht wenigen Ländern Europas läßt sich feststellen, daß die Saisonwanderer erst um die Wende des 20. Jahrhunderts seßhaft wurden. Die historische Mobilitätsforschung beschäftigt sich demnach mit dem Phänomen des – schon von Zeitgenossen so genannten – »Nomadentums«: Die Bezugsdauer von städtischen Wohnungen, besonders in Arbeiterquartieren, war kurz, innerstädtische Mobilität erreichte ein erstaunliches Ausmaß, das pro Jahr ein Drittel bis ein Viertel der Großstadtbewohner erfaßte. Eine Gruppe von Höchstmobilen, vor allem niedrig qualifizierte junge Männer, wechselte als Untermieter und »Schlafgänger« ständig Arbeitsstelle und Wohnung, während Familien weniger häufig und meist nur innerhalb einzelner Viertel umzogen. Insgesamt ergibt sich kein einheitliches Bild der Wanderungsbewegungen. Die verschiedenen Städte waren in unterschiedlichem Ausmaß industrialisiert und wurden deshalb unterschiedlich von der Binnenwanderung tangiert.

Die Migrationsforschung hat sich außerdem mit den Faktoren auseinandergesetzt, die den Wanderungsbewegungen zugrunde lagen. Es wird hierbei zwischen »pull«- und »push«-Faktoren unterschieden: Zu den letztgenannten werden Armut, anstrengende Landarbeit und dörfliche Sozialkontrolle gezählt, also Umstände, denen die Abwanderungsbereiten entkommen wollten; zu den »pull«-Faktoren gehörte neben dem Arbeitsangebot und der höheren Entlohnung die Verlockung, die vom städtischen Freizeitangebot und den Individualisierungschancen in den Städten für einen Teil der – meist jüngeren – Zuwanderer vom Land ausging. Konkrete Informationen über den Arbeitsmarkt und die Lebensbedingungen machten die Wanderung zu einem kalkulierbaren Vorgang, da sich die Wandernden vorher über die Arbeitsmarktsituation informierten und die Neuankömmlinge in den Städten oft auf Bekannte und Verwandte trafen, die ihnen die Integration erleichterten.[18]

Wechselwirkungen zwischen Industrialisierung und Urbanisierung

Zwischen Industrialisierung und Verstädterung bestanden enge Beziehungen. Sie zeigen sich beispielsweise daran, daß traditionelle kleinere Gewerbestädte und Verwaltungszentren im 19. Jahrhundert ein immer stärkeres industrielles Potential aufnahmen, zugleich ihre Funktion als Verkehrsknotenpunkte verstärkten und deswegen einen bedeutenden Aufschwung erleben konnten. Daran anknüpfend stellt sich die Frage, welche kausalen Beziehungen zwischen Städtewachstum und Industrialisierung bestanden: Es handelte sich um eine enge, jedoch keineswegs eindimensionale Beziehung, also um zwei miteinander verknüpfte, aber jeweils in komplexen Beziehungen zu weiteren Faktoren stehende Prozesse.

Das klassische Beispiel für eine enge Korrelation von Industrialisierung und Verstädterung ist England. Freilich sind Differenzierungen nötig. London wuchs in der ersten Hälfte des 19. Jahrhunderts weniger aufgrund industrieller Produktion, es profitierte aber von der Ausweitung des englischen Binnenmarktes und des Güterangebots im nationalen Maßstab, die Folge der Industrialisierung war. Die Fernhandelsfunktionen Londons, seine Rolle im neu entstehenden Eisenbahnnetz, sind im Kontext des gesamten Industrialisierungsprozesses zu sehen. Nicht nur die Ansiedlung von Produktionsbetrieben, sondern auch die ihr zugrunde liegende Verkehrsentwicklung waren für die Beschleunigung des Städtewachstums wichtig. Der Aufstieg Birminghams, Liverpools, Glasgows, Manchesters und Londons ging sowohl auf den Ausbau von Produktionskapazitäten als auch auf die Konzentration kommerzieller, eng mit den Industrien verbundener Aktivitäten zurück. Dies war wiederum nur durch den Ausbau des Transportwesens im Lande möglich. Bis 1840 sind sowohl Städtewachstum wie innerstädtische Standort- und Strukturveränderungen durch den Ausbau von Fernstraßen und Kanälen stimuliert worden, danach durch die Ausbreitung der Eisenbahn. Denn für den Eisenbahnbau benötigte man Stahlprodukte, zu ihrem Betrieb Kohle, deren Produktion dazu gewaltig gesteigert werden mußte. Seit den 1880er Jahren erweiterte das wachsende Angebot an Nahverkehrsnetzen den Radius des durchschnittlichen Arbeitsweges erheblich. Dadurch erschloß sich für die innerstädtischen Industriegebiete ein weitaus größeres Arbeitskräftepotential als bislang üblich, was ihre Wachstumschancen erhöhte.

Daß nach 1800 industrielles Wachstum regional unterschiedlich erfolgte und von den Wechselwirkungen dieser regionalspezifischen Industrialisierung eine Dynamisierung der gesamten Volkswirtschaften ausging, gehört zum Standard heutiger wirtschaftshistorischer Forschung. Industrieregionen wuchsen auf der Basis von Bodenschätzen, aufgrund der Möglichkeit, Wasser als Energie zu nutzen sowie durch andere natürliche Produktionsbedingungen, wozu die Nähe zu Seehäfen und die Verfügung über landwirtschaftliche Ressourcen wie Wolle und Flachs gerechnet werden können. Da prosperierende Industrieregionen aber vielfach ohne solche Ressourcen auskamen, muß man danach fragen, welche weiteren, historisch variablen Faktoren zur Konzentration industrieller Aktivitäten führten. Die Forschung weist hier besonders auf das Angebot an einheimischen Arbeitskräften, auf das interne Verkehrsnetz, die Verfügbarkeit von in der Region selbst akkumuliertem Kapital und auf die Existenz einer regional gebundenen, innovationsfreudigen Unternehmerschaft hin.[19] Die Vielzahl stadtzentrierter Produktionsregionen wie Chemnitz, Solingen, München und Berlin, in denen sich während der Hochurbanisierung sehr viel Industrie ansiedelte, zeigt, daß funktionale Beziehungen innerhalb von Produktionsregionen wichtig waren, speziell die Funktionen, welche Städte darin übernahmen: Das Vorhandensein von Facharbeitern, von Maschinenbauern, von neuen Ideen und Märkten, generell urbane Sozial- und Kulturformen gaben der Industrialisierung spezifische Antriebskräfte.

Städtische Mittelpunkte von Produktionsregionen übernahmen eine äußerst wichtige Funktion im Industrialisierungsprozeß. Beispielsweise wurden im östlichen Lancashire 1772 4,2 Millionen Pfund Rohbaumwolle verarbeitet, 1841 bereits 452 Millionen. Sidney Pollard hat die Faktoren erarbeitet, die dieses außerordentliche Wachstum der führenden Baumwollregion Englands hervorriefen: der gute Zugang zu Kohle, das dichte Kanalnetz und der frühe Eisenbahnbau, beginnend mit der Linie von Manchester zum Seehafen Liverpool, die bereits 1830 eröffnet wurde. Auch ein leistungsfähiges, innerregionales Straßensystem bzw. Transportwesen entwickelte sich schon früh in der Region. Hinzu kam, daß hier geschulte, einheimische Arbeitskräfte zur Verfügung standen. Entscheidend für die weitere Entwicklung ist aber, daß Manchester innerhalb der umgebenden, sich 1800 über zehn, später über dreißig bis vierzig Meilen erstreckenden Industrieregion die Endverarbeitungsprozesse des Bleichens, Stärkens, Druckens und Färbens sowie die lukrative Endvermarktung und weitere Dienstleistungsfunktionen übernahm. Wichtige Produktionszweige wanderten daher nach 1820 in die Stadt. Ohne die rasche Einrichtung der Eisenbahnverbindungen etwa mit Orten wie Oldham, Bury, Rochdale oder Halifax wäre dieses System intraregionaler Arbeitsteilung nicht möglich gewesen. Am Ende des Jahrhunderts wurde diese Zentralitätsfunktion noch einmal unterstrichen, wofür gezielte städtische Aktivitäten ausschlaggebend waren. Wichtigste Beispiele hierfür sind die Planung des Gewerbegebietes Trafford Park im Westen und die Eröffnung des Manchester-Schiffkanals 1894, mit dem Manchester, an Liverpool vorbei, direkten Zugang zum Meer erhielt.

In der ersten Hälfte des 19. Jahrhunderts war die städtebildende Kraft der Industrialisierung weniger ausgeprägt als später, wobei man beim Vergleich dieser phasenweise unterschiedlich ausgeprägten Beziehung auf europäischer Ebene den unterschiedlichen Beginn und das verschiedene Tempo des Industrialisierungsprozesses berücksichtigen muß. Da die frühe Industrialisierung in starkem Maße an Rohstoffe und Wasserkraft gebunden war, mußte sie vorwiegend außerhalb der größeren Städte stattfinden. Aus der Existenz von frühindustriellen Produktionsregionen konnten sich aber auch Wachstumsimpulse für Städte ergeben. Ein Beispiel ist Zürich, wo durch die ländliche Textilindustrie zunächst die kommerziellen Funktionen der Stadt gestärkt wurden, bevor dort ebenfalls ein industriell bedingtes Bevölkerungswachstum einsetzte. Andererseits ermöglichten der Ausbau der Eisenbahnnetze und die Verbilligung der Frachtraten in den industriellen Kernländern Europas seit den 1840er Jahren eine Großproduktion auch in den Städten, die von den Rohstoffvorkommen weiter entfernt lagen. In Seehäfen etablierten sich rohstoffintensive Weiterverarbeitungszweige, z. B. Weizenmühlen und Seifenherstellung in St. Petersburg.[20] Manche Branchen, wie die Bierbrauereien Münchens, fanden unmittelbar vor der Haustür der Fabriken in der neu entstehenden städtischen Konsumentenmasse ihren Absatzmarkt.

Von der Stadt zur Metropole

Stadtentwicklung und Stadtplanung seit dem 19. Jahrhundert

Durch die Eigenarten ihres Wachstums entfernten sich die modernen Großstädte von der in den Stadtansichten noch des 18. Jahrhunderts sichtbaren und ästhetisch so reizvollen Geschlossenheit. Gerade bei großen Städten existierte häufig kein klar erkennbarer Stadtrand, und es zeichnete sich schon die Entwicklung ab, die bis heute als Zersiedelung des Umlandes kritisiert wird.

Im wesentlichen gab es zwei Typen bei der Bildung von Konurbationen oder Agglomerationen: Der erste war das urbane Wachstum ohne Kernstadt, bei dem sich zahlreiche gleichzeitig wachsende Subzentren zu einer polyzentrischen Konurbation über alle politischen Grenzziehungen hinaus entwickelten. Klassische Beispiele hierfür sind Oberschlesien und das Ruhrgebiet. Beim zweiten erfolgte das Flächenwachstum von einem Kern aus, der sich sternförmig erweiterte. Die um die Stadt verteilten Siedlungskerne wurden vom Wachsen der Kernstadt angeregt, bis schließlich das polyzentrische Wachstum zu einer neuen Gestalt der Stadt führte.

Die räumliche Entwicklung der Großstädte fiel keineswegs mit der Geschichte der Stadtplanung als Ensemble abstrakter Leitvorstellungen zusammen, sondern sie verlief bis weit in das 19. Jahrhundert hinein ungeregelt, jedenfalls gemessen an den Maßstäben der späteren Disziplin der Stadtplanung. Zunächst wurden Wachstumshindernisse wie militärische Wallanlagen und Mauern beseitigt. Dann wurden – unter rücksichtsloser Vernichtung älterer Stadtgebiete – in den Stadtzentren Ringstraßen und

Boulevards angelegt. Dies hatte ebenso wie das Vordringen der Eisenbahnen erhebliche Auswirkungen auf die morphologische Struktur der Großstädte.

In Deutschland stand den kommunalen Behörden lange nur die Festlegung von Straßenfluchten als gestalterisches Planungsinstrument zur Verfügung, womit die ungehemmte Verdichtung der städtischen Bebauung im Innern nicht verhindert werden konnte. Erste Steuerungsansätze zu einer Begrenzung der negativen Folgen des industriekapitalistischen Wachstums ergaben sich im Zuge der hygienischen Stadtreformbewegungen, die in England in den 1840er Jahren einsetzten. Es ging dabei um die Beseitigung der übelsten Mißstände im Bau- und Wohnungswesen und um den Ausbau spezieller Infrastrukturen (Straßen- und Kanalisationsbau). Auch das zunehmend in seiner Regulierungsbreite ausgeweitete Instrument der Bauordnungen erwies sich lange Zeit als unzureichend für die Kontrolle der Stadtentwicklung, zunächst im Hinblick auf die hygienischen Standards, später für die ästhetische Durchgestaltung der Wohnviertel. Andererseits kann man feststellen, daß in den Großstädten trotz der Planungsdefizite großzügig angelegte Quartiere von hoher städtebaulicher Qualität entstanden, in einem Wechselspiel zwischen behördlichen Vorgaben und privater Spekulation, das auf dem Abwägen zwischen »Kunststreben und Kapitalinteressen« beruhte.[21] Ein gutes Beispiel dafür ist das Frankfurter Bahnhofsviertel, das ab 1888 entstand.

Um 1900 gewann die nun eigenständige und von Architekten dominierte Disziplin der Stadtplanung an Praxisrelevanz. In den Großstädten wurde zwar weiterhin ständig abgerissen, erneuert und bereits bebautes Gelände neuen Nutzungen zugeführt, aber die Anlage von Stadterweiterungsgebieten konnte nun teils durch gezielte Strategien, teils durch die stärkere Nutzung der vorhandenen rechtlichen Möglichkeiten planmäßiger als zuvor und mit Blick auf das Ganze durchgeführt werden. Dabei spielte das Interesse eine Rolle, Wohn- und störende Gewerbeaktivitäten durch »Zonung« stärker voneinander abzugrenzen und so Beeinträchtigungen des Werts von privaten Wohngrundstücken zu vermeiden. Wachsendes Interesse an der urbanen Form zeigte sich um die Jahrhundertwende in der europäischen Gartenstadtbewegung. Man schuf mehr

Parkanlagen und bemühte sich um eine die Proportionen wahrende Straßengestaltung. Die Modellfunktion der Gartenstadt für die Profilierung dieser Planungsaktivitäten seit dem 20. Jahrhundert wird trotz der ihr zugrunde liegenden antistädtischen Kleinbau-ideologie heute durchweg anerkannt. Die Gartenstadtbewegung mit ihrer Kritik an einer naturfernen Lebensweise führte zu jenen Formen aufgelockerter Überbauung, die man heute in den Städten nicht mehr missen möchte. Andererseits wird sichtbar, daß flächen-fressende Eigenheimgebiete nachträglich verdichtet werden müssen, um die Stadtränder nicht noch weiter zu zerfasern.

Als sich die Städte um die Jahrhundertwende weiter nach außen ausdehnten, erwies sich der bis dahin erreichte, über Bauordnungen festgeschriebene schematisch-geometrisierende Planungsstandard als Hindernis einer funktional ausgewogenen und ästhetisch anspruchsvolleren Städteplanung.[22]

Ursachen für städtische Expansion und Planung waren in hohem Maße die Konkurrenz zwischen den Großstädten und das wachsende stadtbürgerliche Selbstbewußtsein. Letzteres kann man als eine Art Fundamentalopposition gegenüber der »Mittelmäßigkeit staatlicher Behörden« (B. Ladd) sehen. Tempo und Richtung der Expansion wurden in den Großstädten von den kommunalen Selbstverwaltungsgremien, besonders von den Oberbürgermeistern vorgegeben – im Unterschied zum Ruhrgebiet, wo die Bergwerks-unternehmen als Städtegründer in Erscheinung traten.[23]

Citybildung und soziale Segregation

Das Wachstum besonders der großen Industriestädte ging mit der Entstehung verschiedener Funktionsbereiche einher, die in der »Citybildung« ihren Ausdruck fand. Die Innenstädte wurden dichter bebaut und reicherten sich mit Geschäften, Banken, Büros und Verwaltungsstellen an. Gleichzeitig verließ ein Teil der Wohnbevölkerung die neue City. Diese funktionalen Differenzierungsprozesse waren von unterschiedlichen, sich gegenseitig bedingenden Faktoren beeinflußt und hatten in den einzelnen Städten unterschiedliches Gewicht.[24] So wie sich im Zuge der großstädtischen Entwicklung die räumliche Verteilung ökonomischer Funktionen änderte, besondere Geschäftsviertel und Produktionsszenen entstanden, bildeten sich charakteristische Muster heraus, von wem die Stadtviertel bewohnt wurden. So lassen sich für Hamburg, das eine vergleichsweise moderne Stadtstruktur aufwies, für das späte 19. Jahrhundert sechs Stadtgebiete unterscheiden: die City, die vorindustrielle Vorstadt als hafen- und innenstadtnahes Arbeiterwohnviertel, das südlich der Elbe gelegene Industriegebiet, das Oberschichtenviertel westlich und östlich der Außenalster mit anhaltender Vorherrschaft des Einfamilienhauses, der industrielle Vorort, wo neue, große Vorstädte bereits zu einem geschlossenen Siedlungsgebiet zusammengewachsen waren, und die »Agglomerationsperipherie« mit ihrem zum Teil noch ländlichen Charakter.[25] In welchem Grade funktionale Differenzierung von der sozialen Entmischung der Wohnbevölkerungen im Stadtgebiet begleitet war, ist eine Frage von großer Aktualität. Die Entwicklung der internen städtischen Raumstrukturen des 19. Jahrhunderts lief wenigstens der Tendenz nach auf soziale Segregation, d. h. auf die Herausbildung berufs- und schichtenspezifischer Stadtviertel hinaus. In einem Teil der deutschen Großstädte, vor allem in Berlin oder in Breslau, ging soziale Entmischung mit der Ausbreitung der sogenannten Mietskasernen einher, was die Wohndichte ebenso erhöhte wie die in Städten mit kleineren Haustypen vielfach gepflegte Praxis, vorhandenen Wohnraum aufzuteilen, der von stadtauswärts ziehenden Mittel- und Oberschichten verlassen worden war. Zur Ausbildung von Arbeitervierteln kam es außerdem durch Umwandlung bisher »guter« Stadtviertel entlang von Straßenbahn- und Eisenbahnlinien. Aber Stadtentwicklung verlief nicht automatisch in Richtung einer scharfen sozialen Polarisierung. In der prosperierenden Textilstadt Bielefeld behielten tradierte familiäre Zusammenhänge und traditionelle Präferenzen der Standortwahl lange Geltung. Auch teilten Einheimische den Häuser- und Grundstücksmarkt unter sich auf und erschwerten Zuzüglern die Ansiedlung. Der Prozeß sozialer Segregation vollzog sich langsam und innerhalb bestimmter Grenzen. Gesellen und Dienstpersonal wohnten noch lange in den herrschaftlichen Haushalten, und bis auf einige Arbeitersiedlungen in der Nähe von Fabriken kann man in Bielefeld nicht von der Entstehung sozial homogener Stadtviertel sprechen. Außerdem hatte hier, anders als in anderen Industriestädten, der Bahnanschluß keine unmittelbaren sozialräumlichen Auswirkungen. Erst spät zogen die Oberschichten in die Vorstadt. Es entstanden zwei Fabrikbezirke, aber es gab nicht wie im Ruhrgebiet und in Oberschlesien die monopolartige Herrschaft einzelner Unternehmen über ganze Stadtregionen. Die Standortverteilung der Gewerbezweige blieb für die sozialräumliche Verteilung der Bevölkerung bis zum 20. Jahrhundert bestimmend, d. h., es gab zwar kleinere, exklusive Wohnviertel von Kaufleuten und höheren Beamten und am Stadtrand Arbeiterquartiere, aber die Mehrheit der Bevölkerung lebte immer noch in durchmischten Vierteln, zumal es selbst in neuen Stadtteilen noch viele private Hausbesitzer gab: »In Klein- und Mittelstädten [...], die (begrenzte) [...] Anziehungskräfte auf Zuwanderer ausübten, und Städten mit nur einem wirtschaftlichen Leitsektor, die sehr konjunkturanfällig und demographisch weniger ausgeglichen waren, ließ sich eine Differenzierung der wirtschaftlichen Grundlagen nur mit (großen) [...] Schwierigkeiten erreichen. Dann stagnierte das Bevölkerungswachstum und blieb die Fluktuation sehr hoch. Große Städte wuchsen [...] schneller, erlebten die sozialen Probleme aber auch in grellerem Licht.«[26]

Städtisches Wachstum und soziale Segregation waren aufs engste mit der Entstehung von Vororten verbunden. Die »Suburbanisierung« trat in den einzelnen Ländern und Städten in sehr unterschiedlichem Ausmaß und zu verschiedenen Zeiten in Erscheinung. Exemplarische Studien dazu liegen von H. J. Dyos, dem Protagonisten der englischen Urbanisierungsforschung, und von Michael Wagenaar vor. Am Beispiel des Londoner Vororts Camberwell zeigte Dyos, welche Faktoren bei der Ausbildung der riesigen suburbanen Peripherie Londons mitwirkten: Die Ansiedlung von »middle classes« in eleganten Suburbs sieht Dyos als Akt sozialer Distanzierung von den Slums, die sich in der Kernstadt ausbreiteten, und als Folge einer zunehmenden Attraktivität des Landlebens. Die soziale Entmischung war außerdem eine Reaktion auf die Industrieansiedlung im Stadtgebiet, auf Luftverschmutzung und abfallübersäte Straßen. An London zeigt sich, daß Mittelschichten sowohl vor steigenden Grundstücks- und Mietpreisen als auch wegen der Zuwanderung von ärmeren Schichten in die Vororte entflohen. Wer an den Stadtrand zog, mußte zwar einen längeren Arbeitsweg in Kauf nehmen, konnte aber auch aufgrund seiner Mobilität bessere Arbeitsplätze als die ärmere Bevölkerung erreichen. In Paris hingegen zogen Wohlhabende und Mittelschichten in geringerem Maße aus der Innenstadt, was sich bis heute in der Sozialstruktur der inneren Bezirke von Paris bemerkbar macht. Allerdings wurden Hunderttausende der ärmeren Einwohner an die Peripherie gedrängt, weil unter dem Präfekten und Stadtplaner Haussmann und auf der Grundlage rigoros gehandhabter Enteignungen große Teile der Altstadt saniert, d. h. Boulevards und repräsentative Wohnbauten errichtet wurden.[27]

Ein weiterer Aspekt der sozialräumlichen Differenzierung vornehmlich der größeren Städte ist die Entstehung von Slums, die auch heute noch immer wieder thematisiert wird, zumal man das Beispiel der Dritte-Welt-Megastädte in den Massenmedien praktisch täglich vor Augen hat. In der europäischen Geschichte ging die Verslumung zum Teil zurück auf die Ansiedlung von Industriebetrieben im Stadtgebiet mit negativen Folgen für die Umweltverhältnisse, zum Teil auf den massenhaften Zuzug von Arbeiter- und Armenbevölkerungen in ehedem statushohe Wohngebiete. Nicht nur in privilegierten Vororten, sondern vielleicht noch deutlicher in Arbeiterquartieren bildeten sich spezifische sozialkulturelle Milieus mit hoher Interaktionsdichte heraus. In ihrem Rahmen konnte sich die von Armut geprägte Lebenssituation der Bewohner im ungünstigen Fall zu einem unentrinnbaren Zusammenhang verfestigen, der von permanenten Nachbarschaftskonflikten begleitet war. Zugleich entwickelten sich diese Wohngebiete im günstigen Fall zu einem Lebenszusammenhang, der aufgrund vielfältiger Kontakte und sozialer Netzwerke das alltägliche Überleben erleichterte. Solche Viertel stellten einen gemeinsamen Erfahrungsraum für ihre Bewohner dar, zumal wenn zum gemeinsamen Wohnen die Kooperation am Arbeitsplatz hinzukam.

Wachstumsprobleme und kommunalpolitische Bewältigungsansätze

Das rasche und ungleichgewichtige Wachstum der Städte, die Verdichtung des Wohnens und die Ansiedlung von Industriebetrieben führten zu gravierenden Beeinträchtigungen der Umwelt und im Zusammenhang mit industrieller Pathologie zu einer extrem hohen Sterblichkeitsrate: Im Lancashire der 1840er Jahre etwa hatte ein männlicher Textilarbeiter eine Lebenserwartung von nur 24 Jahren. Zwar hatten auch die vorindustriellen Städte hygienische und umweltbezogene Probleme gekannt. Wo diese auftraten, versuchte man sie durch punktuelle Zugriffe zu lösen. Mit dem industriellen Städtewachstum jedoch erwiesen sich die bisherigen Ver- und Entsorgungssysteme wie Trinkwasserbrunnen und Senkgruben als ungenügend. Genauso waren steigende körperhygienische Ansprüche und das Interesse an Seuchenprophylaxe die Motoren des Ausbaus von zentralen Wasserversorgungssystemen und von Kanalisationen.

Das Problem der großstädtischen Gesundheitsentwicklung steht mit allgemeinen sozialen Entwicklungen – der Lebensstandardentwicklung, dem Wandel der Ernährungsgewohnheiten, den Beanspruchungen an den Arbeitsplätzen – in Zusammenhang. Steigende urbane Sterblichkeitsziffern zwischen 1800 und 1860 können demnach nicht allein aus Verschlechterungen der umwelthygienischen Bedingungen erklärt werden. Klar ist, daß die Bevölkerungskonzentration in Großstädten eine erhöhte Ansteckungswahrscheinlichkeit mit sich brachte und das Eindringen pathogener Keime in die städtischen Wasserkreisläufe, die so viele Menschen erreichten, die Möglichkeiten vervielfachte, an einer Infektionskrankheit zu sterben. Erst mit dem Aufbau von geschlossenen Ver- und Entsorgungssystemen, durch die Filtrierung des Trinkwassers und den Aufbau von Fernwasserversorgungen konnte wieder eine Reduzierung der Mortalität durch häufige Infektionskrankheiten wie Typhus und Cholera erreicht werden.[28]

Es stellt sich die Frage, wie die kommunalen Verwaltungen mit diesen Problemen umgingen. Wann wurden sie in ihrer grundlegenden Dimension erkannt? Welche Kategorien wurden dabei angewandt? Welche politischen Kräfte setzten sich für die Kontrolle von umweltbedingten Risiken ein, und welche verhielten sich gegenüber einer interventionistischen Gesundheitspolitik ablehnend?

England war das erste europäische Land, in dem in den 1840er Jahren auf kommunaler Ebene eine Bewegung zur systematischen Kontrolle von umweltbedingten Gesundheitsrisiken einsetzte. Der Ausbau der zentralen Wasserversorgung erfolgte überall in Europa bis auf wenige Ausnahmen zuerst in großen Städten, dann auch in Klein- und Mittelstädten, und erreichte bis zum Ende des 19. Jahrhunderts ein beachtliches Niveau. Die Versorgung der städtischen Bevölkerungen mit lückenlosen Kanalisationen verzögerte sich demgegenüber, nicht zuletzt aus Kostengründen, zum Teil jahrzehntelang.

Anstöße zur städtischen Umwelt- und Gesundheitspolitik kamen nicht nur von Hygiene-Experten und den bürgerlichen Sozialreformbewegungen, sondern auch aus der entstehenden Arbeiterbewegung. Streikbewegungen und die wachsende Bedeutung politischer Parteien im kommunalen Umfeld sind weitere Ursachen für den Übergang von der »Ordnungsverwaltung« zur »Leistungsverwaltung«, der in England und Deutschland am frühesten und systematischsten stattfand. Er ging mit dem flächendeckenden Aufbau von Infrastrukturen (Straßenbau, Waser-, Gas- und Elektrizitätsversorgung) einher: 1908 verfügten von den deutschen Großstädten 92 % über ein Wasserwerk, 80 % über eine Gas- und Elektrizitätsversorgung und 44 % über eine elektrische Straßenbahn.[29]

Mit diesen Aktivitäten konnten die Großstädte teils Finanzierungsquellen für andere Infrastrukturen erschließen, teils reagierten sie damit auf einen immer umfassender definierten Bedarf an sozialpolitischer Regulierung. Die sozialpolitisch profilierten Leistungsverwaltungen, von denen man in Deutschland seit den 1880er Jahren sprechen kann, spielten beim Übergang zum modernen Interventions- und Sozialstaat eine eigenständige Rolle.[30] In Deutschland waren es stärker die Oberbürgermeister denn die Selbstverwaltungsgremien, welche die Kommunalisierung von bislang privat betriebenen Versorgungsbetrieben forcierten und sich zur Vision des sogenannten »Munizipalsozialismus« bekannten.

Die aktive Infrastrukturentwicklung der Großstädte von der Verkehrserschließung bis zur gezielten Eingemeindungspolitik diente seit dem Ende des 19. Jahrhunderts nicht zuletzt der Industrieansiedlung. Weitere Kräfte, die hinter der Transformation des kommunalpolitischen Systems standen, erwuchsen – dies gilt in besonderem Maße für Deutschland – aus der Identifikation städtischer Bürger mit der Tradition der eigenen Stadt und mit der Errungenschaft kommunaler Autonomie. Politisches Handeln auf kommunaler wie auf gesamtstaatlicher Ebene trug zu den urbanen Errungenschaften bei. Insgesamt folgte es einer Dynamik, bei der es um die Bewältigung des ungeplanten industriewirtschaftlichen Wachstums ging. Regionale Unterschiede traten auch hier hervor. Generell hinkten ost- gegenüber westeuropäischen wie ost- gegenüber westdeutschen Städten dem jeweiligen Leistungsstandard hinterher. In Deutschland wiesen Industriestädte mit niedrigeren Steuereinnahmen gegenüber alten Verwaltungszentren wie Düsseldorf oder München einen Rückstand auf. Vor allem die schwerindustriellen Ballungsgebiete, wo die Versorgung der Bevölkerung mit Dienstleistungen und lebenswichtigen Gütern besonders nötig gewesen wäre, zeigten Defizite. Ein Beispiel ist Oberschlesien: Fehlende Selbstverwaltungstraditionen und die Dominanz der Standortentscheidungen der großen Unternehmen führten zu schweren Versäumnissen in der Umwelt- und Gesundheitspolitik sowie in der Grundversorgung der Bevölkerung. Es kam weder zur Professionalisierung der Kommunalverwaltungen noch zu einer aktiven kommunalen Bodenpolitik, der Verstädterungsprozeß hatte defizienten Charakter.[31]

Großstädtisches Leben: Urbanität

Metropolen und Urbanität im 19. Jahrhundert

1800 gab es in Europa 21 Städte mit mehr als 100 000 Einwohnern, in denen zusammen 4,5 Millionen Menschen lebten. Dies entsprach weniger als 3 % der europäischen Gesamtbevölkerung. Ein Jahrhundert später existierten 147 Großstädte mit mehr als 40 Millionen Einwohnern, das waren ca. 10 % der gesamten Bevölkerung Europas. Seit dem 19. Jahrhundert dominierten die Metropolen die Richtung, das Tempo und die Formen der gesellschaftlichen Entwicklung. Da sie zu wirtschaftlichen Knotenpunkten mit überlokaler und überregionaler Bedeutung wurden, wo sich Ressourcen akkumulierten und neue Technologien häufig zuerst angewendet wurden, zeichneten sich hier die ökonomischen Entwicklungen am deutlichsten und frühesten ab.

Metropolen waren nicht einfach bloß große Städte, auch wenn im deutschen Sprachgebrauch »Großstadt« und »Metropole« vielfach gleichbedeutend gebraucht werden. Sie waren darüber hinaus durch den besonderen Geltungsanspruch charakterisiert, Stätten exemplarischer sozialer Erfahrungen zu sein. Als Spiegelbild »aller höheren Ambitionen des Gesellschaftssystems« wurden sie zu Orten, wo eine Vielfalt von Informationen und Nachrichten verfügbar wurden, die für ihr Einflußgebiet Bedeutung gewannen. Die Zentralitätsfunktion der Metropolen trat so ausgeprägt hervor, daß die Bewohner des Hinterlandes nicht mehr nur wie in traditionellen Städten mit Dienstleistungen versorgt wurden, sondern daß sie dazu tendierten, »als Markt, als Informationszentrum und als Mittelpunkt politischer Organisation die Aktivitäten in ihrer Einflußsphäre« zu beherrschen.[32]

Zu ihnen gehörte eine ganze Reihe von Städten: Welche man dazurechnet, hängt davon ab, welche Neuerungen und kreativen Kräfte sie hervorbrachten und welche historische Periode man betrachtet. Wenn für Metropolen kennzeichnend ist, daß sie vom »Produzenten von Mythen« zum »Experimentierfeld und Maßstab für Neues«[33] wurden, gilt dies nicht nur für die wenigen, einzigartigen »Konzentrationen von Menschen, Macht, Wirtschafts- und Finanzkraft« wie London, New York, Paris und Berlin[34], sondern auch für Großstädte vom Range der »Kunststadt« München, für St. Petersburg, das als administratives Zentrum und als Industriestandort die herausragende Primärstadt Rußlands war, für Barcelona, dessen Beitrag zur Kunst- und Architekturmoderne in europäischem Maßstab wichtig ist, oder für Manchester, das erst die

»Coketown«, dann den Typ der multifunktionalen Metropole mit industriewirtschaftlichem Charakter repräsentiert. Die nordenglische Textilstadt beherrschte über Jahrzehnte das wichtigste Segment der britischen Industrieproduktion und ist damit ein Vorläufer der heutigen »global cities«, insofern die primäre Antriebskraft ihrer Expansion die Verknüpfung mit der Weltwirtschaft war.[35] Bei drei der vier in diesem Buch vorgestellten Großstädte – Manchester, St. Petersburg, Barcelona – handelte es sich um Seestädte, die im Begriff waren, zu modernen Logistik-, Dienstleistungs- und Industriestandorten zu werden. Die Beispielstädte hatten sowohl hinsichtlich ihres wirtschaftlichen Potentials als auch ihrer außenwirtschaftlichen Verflechtung und ihren Zentralitätsfunktionen eine strategische Stellung in den jeweiligen Industrialisierungsprozessen ihrer Länder. Ebenso gingen von ihnen wichtige Anstöße für Politik und Kultur im nationalen Maßstab aus. Neben ihrem ökonomischen Potential ist ihre kulturelle Bedeutung hoch einzuschätzen: Sie fungierten als Symbole in den Urbanisierungsdebatten und wiesen jene kennzeichnenden Züge der Modernität auf, die sich heute gesamtgesellschaftlich durchgesetzt haben. Institutionelle Kultur und Formierung des Stadtbürgertums standen in engem Zusammenhang, gerade in den industriewirtschaftlich fundierten Metropolen, wo erst einmal die prestigereichen Errungenschaften älterer Städte mit ihrem Angebot an Schulen, Museen und Bibliotheken aufgebaut werden mußten.

So stehen die Beispielstädte für den heute dominierenden Mischtyp, der im europäischen Urbanisierungsprozeß immer stärker hervortrat: für die expandierende Großstadt auf industrieller Grundlage, die gleichzeitig als Standort innovativer Produktionszweige, als Brennpunkt kultureller Erneuerung und durch ihre Dienstleistungs- und Zentralitätsfunktionen charakterisiert ist.

Bereits Durkheim beschrieb die kaum mehr reproduzierbare soziale Dichte des Großstadtlebens im 19. Jahrhundert, die dort vorherrschende funktionale Arbeitsteilung und Beweglichkeit des Geistes, die einzigartigen Kontakt- und Kommunikationschancen, die aus der Verdichtung der Bevölkerung resultierten. Diese schien zugleich eine mentalitätsbildende Qualität aufzuweisen. Um die Jahrhundertwende mehrten sich Beobachtungen über die »wach-

Tabelle 2: Einwohnerzahlen (in 1000) von Barcelona, Manchester, München und St. Petersburg (incl. Agglomerationen)[36]

	1700	1800	1850	1900	1985	Rang 1850	Rang 1950[37]
Barcelona	34	100	220	550	3200	25	13
Manchester	8	84	303	1240	2500	8	6
München	20	40	100	500	2110	34	28
St. Petersburg	–	220	524	1440	5110	3	5
Zum Vergleich:							
Madrid	140	170	280	540	4710	13	11
London	570	950	2230	6620	10360	1	1
Berlin	60	170	440	2420	3240	4	4
Moskau	130	300	440	1120	8970	9	3

sende Nervosität unserer Zeit«, die der Heidelberger Mediziner Wilhelm Erb auf das »raffinierte« und »unruhige« Großstadtleben zurückführte.[38] In seinem bedeutenden Aufsatz »Die Großstädte und das Geistesleben« begriff der Philosoph Georg Simmel 1903 die moderne Großstadt als Ort von Geldwirtschaft, Warenpräsentation, Arbeitsteilung und Rationalität, an dem sich durch die besondere Form sozialer Beziehungen der besondere Habitus des »blasierten« Großstädters entwickelt habe. Einerseits identifizierte Simmel die Großstadt als bedrohlichen Ort, dessen verwirrende Fülle flüchtiger Eindrücke dem Großstadtmenschen eine gewisse Oberflächlichkeit auferlege, andererseits schien sie besondere Individualisierungschancen zu bieten. Hypersensibilität der Großstädter ist bei Simmel eigentlich ein Schutz gegenüber dem in den Städten herrschenden Tumult, und diese Distanzierung geht einher mit der positiven Möglichkeit einer ästhetisierten, seltsam ambivalenten Stadterfahrung.[39]

Unter Rückgriff auf Simmels intuitive Schau des urbanen Milieus beschäftigte sich der amerikanische Soziologe Louis Wirth in »Urbanism as a Way of Life« 1938[40] mit den Möglichkeiten, eine soziologische Definition der Metropole zu entwickeln. Aufgrund der Bevölkerungsdichte der Großstädte und der sozialen Heterogenität ihrer Bewohner seien unter ihnen persönliche Bekanntschaften selten. Generell seien die menschlichen Beziehungen durch ihren flüchtigen Charakter ausgezeichnet. Die Dichte der städtischen Siedlungsweise bringe die Menschen zwar in engen physischen Kontakt, den sie aber durch einen distanzgeprägten Habitus zu kompensieren suchten. Es bilde sich eine Segmentierung gesellschaftlicher Bindungen (»a complex pattern of segregation«) und ein Zustand sozialer Unsicherheit heraus. Die Stadtbewohner träten sich in hochdifferenten sozialen Rollen gegenüber. Diese Definition ist für die heutige Auffassung eines urbanen Lebensstils, von Urbanität als Zivilisation besonderer Art, äußerst einflußreich geworden und war auch in der literarischen Stadtwahrnehmung präsent. Ernst Dronke stellte in der Mitte des 19. Jahrhunderts über Berlin fest, hier kümmere sich niemand um den einzelnen, »daher die Ungezwungenheit, die Selbständigkeit des einzelnen«. Jahrzehnte später äußerte Kurt Tucholsky diese Erfahrung: »Wenn du zur Arbeit gehst am frühen Morgen, wenn du am Bahnhof stehst mit deinen Sorgen: da zeigt die Stadt dir asphaltglatt Millionen Gesichter...«[41] Aber ungeachtet der Pluralität von Lebensstilen und sozialer Heterogenität, die zweifellos die großen Städte charakterisierte: Traten sich in ihnen die Bewohner in der Regel wirklich anonym gegenüber? Wirth jedenfalls argumentierte idealtypisch und tradierte Topoi, die aus der Stadtkritik schon bekannt waren: Die Anonymität der Großstadt stehe in Opposition zur »Gemeinschaft«, die man in der Kleinstadt und im Dorf vermutet. Urbanität oder die besondere Lebensweise des Metropolenbewohners, wie Wirth sie beschreibt, ist eine Abstraktion von der Realität des städtischen Lebens, denn sie bezieht sich allein auf die spezifische Öffentlichkeit, wie sie in der City existiert, nicht aber auf die verschiedenen, ebenfalls existierenden Öffentlichkeitsformen vom Theater bis zur Kneipe. In der Innenstadt konzentrieren sich Arbeitsplätze, kommerzielle und administrative Funktionen, hier in erster Linie werden Güter und Dienstleistungen ausgetauscht. Das Stadtinnere, das abstrakte Individuum, das Kriterium der Dichte, nicht aber vielfach stabile und identitätsgebende Gruppenbeziehungen sind die Bezugspunkte von Wirths Analyse, die ignoriert, daß Städte aus mehreren sich überlappenden Systemen sozialer Beziehungen bestehen, die sich folglich in verschiedenen Bezugskreisen, z. T. auf Stadtteilebene, äußern.[42] Treffend ist dazu eine Notiz von Theodor Fontane: »Ist (Berlin) Weltstadt? Ja und nein. Nun das große Leben und das daneben fortexistierende Klein- und Spießbürgerleben [...] Es gibt noch Frauen, die in die Landsberger Straße fahren, um eine Sache für 5 Pfennige billiger zu kaufen.«[43]

Heute ist klar, daß die Kriterien der funktionalen Spezialisierung oder der Begegnungsdichte nicht ausreichen, um »Urbanität« zu erfassen. Ihr wirtschaftliches und kulturelles Gewicht charakterisierte die Metropolen, und dieses erst hob sie von den reinen Agglomerationen ab. An dieser Stelle scheinen einige begriffsgeschichtliche Abgrenzungen angebracht: Im Französischen bezeichnet im Unterschied zum Deutschen die »métropole d'équilibre« die Agglomeration, wie ähnlich im angelsächsischen Sprachgebrauch der Begriff der »metropolitan area« für Ballungsgebiete auftaucht. In der Urbanistik, auch in der deutschsprachigen, wird heute die Bezeichnung »Metropole« für die auswuchernden und ressourcenverschlingenden Riesenagglomerationen in der Dritten Welt verwendet. Diese sollten aber sinnvollerweise als Megalopolis bezeichnet werden.

Was im 19. Jahrhundert spezifisch städtisch war, stand mit der Geschichte des Bürgertums als Träger städtischer Lebensformen wie mit der Geschichte der Arbeiter und ihrer selbstbestimmten Organisationen in Zusammenhang. Die Metropolen waren nicht allein Zentren von Kultur und Wissenschaft, wichtig waren institutionelle Neuerungen, die innovative Verhaltensweisen gleichsam arrangierten. Ein Beispiel sind die Warenhäuser, die seit dem Ende des 19. Jahrhunderts bei breiten großstädtischen Konsumentenschichten zunehmenden Anklang fanden. Warenhäuser waren Orte moderner Verhaltensformen, an denen die Entgrenzung bisheriger ständischer und klassenspezifischer Schranken stattfand. Im Berliner »Wertheim« oder »Tietz« zeigte sich die Welt der Waren in großzügiger Form präsentiert. Warenhäuser wurden zu Umschlagplätzen von Waren, Menschen und Meinungen. Warenhäuser symbolisierten Fortschritt und Zeitökonomie. Von den Großstädten aus drangen sie über kleinere Filialen »bis in die Stadtviertel der Kleinbürger und Arbeiter« vor.[44]

Über dieses Beispiel hinaus zeigt sich, daß »die Nachahmung von bisher nur in den Großstädten vorhandenen Einrichtungen und die Adaption großstädtischer Innovationen in den suburbanen Räumen« im 20. Jahrhundert die Sonderrolle der Großstädte wieder zurücktreten ließ.[45] Urbanität, im erweiterten Begriffsverständnis die Gesamtheit aller typisch (groß-)städtischen Lebens- und Verhaltensweisen, breitete sich schrittweise in der gesamten Gesellschaft aus. Der als Kontrast zum »Ländlichen« entwickelte Begriff der Urbanität verlor in einer sich modernisierenden und immer weiter verstädternden Gesellschaft an Trennschärfe. Dazu trug die Ausbreitung des Massenkonsums ebenso bei wie der Ausbau der Verkehrssysteme, die neuen Massenkommunikationsmittel, die dadurch ausgelösten Suburbanisierungsprozesse und die zunehmende gesamtgesellschaftliche Bedeutung des Dienstleistungssektors.[46] Die drohende Verwandlung der Großstädte in riesige Agglomerationen wird heute als Verlust an urbaner Qualität gesehen. Ausufernde, amorphe Reihenhausgebiete, gestaltlose und verwahrlosende Trabantensiedlungen – all dies läuft nach Meinung nicht weniger Kritiker nicht nur auf einen Verlust an Urbanität hinaus, sondern auf die Zerstörung der Vorstellungen über das Urbane schlechthin.

Manchester –
Die klassische Industriestadt

Den Zeitgenossen der Mitte des 19. Jahrhunderts erschien Manchester vor allem als Symbol industriellen Wachstums. Hier beschleunigte sich der Rhythmus des gesamten Wirtschaftslebens. Das Straßenbild Manchesters offenbarte sowohl die Bedeutung der industriellen Produktion als auch die Trennung der Lebensrhythmen verschiedener sozialer Schichten. Beginnend mit der Nutzung des Straßenraums im Stadtzentrum, schien das gesamte Stadtleben durch das Vorherrschen ökonomischer Zwecke bestimmt: Jede Person dachte offensichtlich über etwas nach und war von Hast geprägt. In den Arbeitspausen wiederum erlebte man, wie die Stadt plötzlich pulsierte. Arm und reich, Professionals und Mechanics, Masters und Workmen gingen täglich um Punkt ein Uhr in die Mittagspause.[47]

Für den Arzt und Gesundheitsreformer James Kay, langjähriger Sekretär des örtlichen »Board of Health«, auf dessen Erhebungen sich später Friedrich Engels stützen sollte, war es offensichtlich, daß man bei Manchester von einer »Metropole des Weltwirtschaftssystems« sprechen müsse. Man bemerke hier mit Erstaunen die Werke eines rastlos tätigen Unternehmertums, die »Monumente eines befruchtenden Genius und eines gelungenen Stils, die Masse an Kapital, die an diesem Markt zusammengebracht wurde, und den so unermüdlichen wie scharfsinnigen Unternehmungsgeist, der sich die gesamte bekannte Welt zum Betätigungsfeld macht«.[48]

Léon Faucher, der französische Publizist, konstatierte, daß die »men of Manchester« in einer Art und Weise operierten, die man nur als industrielle Omnipotenz bezeichnen könne. Faucher, durchaus ein Kritiker der »manufacturing metropolis«, schien Manchester eine außergewöhnliche Stadt der Arbeit, die im Rauch ihrer zahllosen Schlote eine geheimnisvolle Aktivität verhüllte.[49] Benjamin Disraeli, der spätere konservative Premierminister, läßt seinen jugendlichen Helden Coningsby, als dieser bei Nacht die hell er-

1 Ansicht von Manchester 1843
Im Vergleich zu anderen Darstellungen aus der Mitte des vergangenen Jahrhunderts,
in denen die »satanischen« Fabriken in den Vordergrund gestellt werden, rücken hier
die Schornsteine der Produktionsstätten an die Peripherie. Indem er die allzu harte
Kontrastierung traditioneller Landschaftsidylle des Moors von Kersall und der Signen
industrieller Moderne vermeidet, hat dieser Stich realistischen Charakter.

leuchteten Fabrikfenster erblickt, ausrufen, dies sei »die wunder-
vollste Stadt der Moderne«.[50] Man könne diesen »großen Distrikt
der Arbeit« als historische Großtat wie das antike Athen auffassen
– nur hätten die geschäftigen Bewohner davon kein Bewußtsein.

Das spätgeorgianische und frühviktorianische Manchester (ca.
1830–1860) faszinierte die Zeitgenossen als Zentrum der Baum-
wollverarbeitung, als Mittelpunkt technologischer Innovation.
Manchester war die aus der industriellen Revolution erwachsene
Baumwollstadt schlechthin, die erste »Maschinenmetropole« der
Welt.

Handelte es sich um ein einmaliges Werk des geschichtlichen
Fortschritts, so zugleich um eine außergewöhnliche Monstrosität.
Auch auf dem Kontinent zeigt sich die Ambivalenz des Symbols
Manchester: In Deutschland bezeichnete man Elberfeld als deut-
sches, Chemnitz als sächsisches Manchester, wenn man ihre industrielle Potenz charakterisieren wollte, so wie man es in Lyon trotz
seiner längeren und glanzvollen Tradition für nötig befand, sich als
das »Manchester Frankreichs« aufzuwerten. In Rußland galt das
Industriedorf Iwanowo, aus dem bedeutende Textilindustrielle her-
vorgegangen waren, als das nationale »Manchester«. Allerdings
war Manchester ebenfalls als negatives Symbol präsent: Die ersten
Theoretiker des interventionistischen Wohlfahrtsstaates – die sogenannten »Kathedersozialisten« – diffamierten ihre Gegner als
»Manchesterliberale«, wenn es darum ging, die Folgen sozialpolitischer Inaktivität zu geißeln.

Wer nach Manchester kam, hatte schon ein bestimmtes Bild der
Stadt im Kopf: Hippolyte Taine, der sich 1859 kurz in Manchester
aufhielt, meinte, hier sei der Boden vom Schweiß der Arbeiter
durchtränkt, die, in den sechsstöckigen Fabrikgebäuden einge-
pfercht, ein vergewaltigtes Leben führten.[51] Solche Äußerungen
geben weniger über die Stadt Auskunft als über die Probleme, die
man hier assoziierte, zumal im Genre der Reiseberichte, wo immer
wieder die gleiche Topik der Stadtbeschreibung auftaucht. Das
»Ungeheuer« Manchester (Taine) stand für die elende Lage von
Fabrikarbeitern, und nicht zuletzt für militante Traditionen organisierten Sozialprotests spätestens seit 1812, als sich in der Stadt lud-
distische Geheimkomitees organisierten. Ein markanter Tag in der

Stadtgeschichte war der 16. August 1819, als elf Arbeiter bei einer Großdemonstration auf dem »Peterfield« vor der Stadt den Tod fanden. Sie ging unter dem Namen »Peterloo« in die englische Geschichte ein. Spätestens seit dem Krisenjahr 1829, als arbeitslose Weber zwei Fabriken in Brand setzten, galt Manchester als Heimstätte der beiden großen sozialen Bewegungen, des Owenismus und des Chartismus, welche die Geschichte Englands so nachhaltig prägten. Die Massenstreiks des Jahres 1842 riefen in den Mittelschichten größte Beunruhigung hervor. Doch bald sollte sich herausstellen, daß der Chartismus eher eine Volksbewegung als eine Arbeiterorganisation darstellte.[52]

Blieben politische Polarisierungen zwischen gemäßigtem Liberalismus und Radikalismus auf Dauer zwar aus, so konnte am Beispiel Manchesters doch beobachtet werden, wie im sozialen Gefüge zwei neue Klassen, die Industriearbeiter und die Fabrikanten, hervortraten. Sozialkonservative meinten, man müsse angesichts der fortschreitenden Klassenbildung auf dem Lande neue, paternalistisch konzipierte Fabriksiedlungen aufbauen, wo starke Gemeinschaftsbildungen den drohenden Klassenkonflikt eindämmen sollten. Von Liberalen wurde die drohende soziale Polarisierung hingegen dazu genutzt, in der Öffentlichkeit für eine Reform innerhalb des als unausweichlich erkannten Kapitalismus zu werben. So wie in Großbritannien am Ende des Jahrhunderts die Debatte über gesellschaftliche Armut am Beispiel des Londoner East Ends geführt werden sollte, wurde seit den 1830er Jahren das neue Thema der Stadthygiene am Beispiel Londons und Manchesters entwickelt. Die Schärfe, mit der die Reformer die städtische Umwelt beobachteten, sollte einer Stadtreform zugute kommen, mit der man über die Beeinflussung der physischen Umwelt einen wesentlichen Beitrag zur Lösung der neuen sozialen Frage leisten wollte. Auch den Ansätzen der Sozialreformer lag eine typisierte, scharf zugeschnittene Wahrnehmung der Probleme Manchesters zugrunde, aber sie war empirisch weitaus begründeter als die Anklagen der Antimodernisten. Dem reformerischen Impetus verdanken wir wirklichkeitsnahe Beschreibungen, die freilich ebenso wie die Reiseberichte standortgebunden waren und in ihrem politischen Kontext gesehen werden müssen. Die berühmteste ist die des erwähnten Dr. Kay

(1832), der überzeugend ausführte, daß weite Teile der Stadt völlig irregulär bebaut waren. Es fehlte an einer auch nur annähernd ausreichenden sanitären Infrastruktur und an einer Überwachung des Zustandes von Altstadtwohnungen. Darüber hinaus versuchte Kay, auf der Grundlage der Erhebungen einer Untersuchungskommission unterschiedliche sozialhygienische Standards einzelner Stadtbezirke festzustellen. In der Gesamtstadt waren demnach 36 % der Straßen ungepflastert; doch in den Innenstadtbezirken, von denen Kay annahm, daß dort überwiegend Arbeiter wohnten, waren 49 % aller Straßen ohne Pflaster. In diesen Bezirken wurden zudem 15 % aller Häuser als baufällig, 20 % als feucht eingestuft.

Das Wachsen der Industriestadt

Wenn die Kritik der wachsenden Industriemetropole in der Behauptung gipfelte, man könne hier vor allem die Uniformität endloser Häuserreihen inmitten eines städtebaulichen Chaos bemerken,[53] muß man sich fragen, was in der Realität so stark irritierte. Der Journalist Angus Bethune Reach schilderte seinem Londoner Publikum 1849 den ersten Eindruck eines Fremden von der Stadt, die durch die Monotonie ihrer endlosen Backsteinbauten und die Menschenfluten in den festgesetzten Pausenzeiten, durch ihre Häßlichkeit und Größe, durch den Kontrast von rußigen, riesengroßen und bedrohlichen Fabrikgebäuden und imposanten Hotels, von abweisend wirkenden Lagerhäusern und verlockenden Ladengeschäften gleichermaßen charakterisiert schien. Der Eisenbahnreisende, der sich Manchester zum ersten Male nähere,[54] mache eine unerwartete Erfahrung: Eine Silhouette von Schornsteinen sei schon von weitem her sichtbar, jedoch könne er sich weder an einem eindeutigen Stadtzeichen, etwa einer Kirche orientieren, noch sei genau festzustellen, wo die Welt des Landes verlassen und wo die der Stadt betreten wurde. Zunächst tauchten an der Eisenbahnlinie kleinere Industrieorte auf, oft nur aus zwei oder drei Straßenzügen bestehend, die um eine Fabrik herum gebaut waren, so wie sich früher die ländlichen Cottages um ein Schloß herum versammelt hatten. Diese Satelliten der Baumwollstadt, als deren verkleinerte Abbilder sie erschienen, lagen, wie Reach beobachtete, in einem Gewirr von Abwasserkanälen, unregelmäßig gebauten Privatgebäuden und modrigen Tümpeln, an denen dreckige Kinder spielten. Offensichtlich befand man sich in einer Grenzregion zwischen Stadt und Land, die, wie Charles Dickens meinte, »von beiden die verderblichen Eigenschaften« besaß.[55] Erst später, nach Durchquerung der zersiedelten Peripherie, fuhr der Zug bis zur Endstation, wo man keine »Boulevards oder Anhöhen erblickte, die dem Auge hätten helfen können, die Weite der Stadt zu bemessen«, sondern wo man die Schornsteine direkt vor sich hatte, die »ständig Massen von Dampf und Rauch verströmten und den Himmel verdüsterten, der den ganzen Ort einzuschließen schien«.[56] Acht Jahre später, als sich Theodor Fontane in der Stadt aufhielt, fiel diesem ebenfalls als erstes die Häusermasse auf, von der man nicht wisse, »was niederdrückender wirkt, die Unabsehbarkeit oder die Uniformität, [...] [vor allem in] jene[n] Stadtteile[n], drin nur der Fabrikschornstein zum Himmel zeigt und die Dissenter-Kapelle des Turmes entbehrt[...]« – In der Stadtmitte freilich fand Fontane eine zentrale Platzanlage, die ihn entfernt an Berlin erinnerte.[57]

Als Mittelpunkt einer auf dezentralisierter Produktion, d. h. auf »verlegter« Heimarbeit beruhenden, »protoindustriellen« Textilregion hatte sich Manchester am Ende des Jahrhunderts gegenüber 1750 schon auf ca. 70 000 Einwohner verdoppelt. Ein exorbitantes Bevölkerungswachstum, vor allem in den zwanziger Jahren, führte dazu, daß die Stadtregion Manchester 1841 bereits über 350 000 Einwohner hatte. Schließlich verzeichnete Manchester, das mit ihm eng verflochtene Salford eingeschlossen, 1901 765 000 Einwohner im Vergleich zu Liverpool mit 685 000 Einwohnern. Zu diesem Zeitpunkt war eine Stadtregion entstanden, deren geschätzte Bewohnerzahl von 1,24 Mio. in Europa nur von Berlin (2,42 Mio.), London (6,62 Mio.), Paris (3,33 Mio.), St. Petersburg (1,44 Mio.) und Wien (1,67) übertroffen wurde (vgl. Tabelle 3).

Innerhalb von Lancashire gehörte Manchester im 18. Jahrhundert zu den ersten Städten, in die ländliche Zuwanderer aus Ceshire, Wales und Irland einströmten. Zu Beginn des 19. Jahrhun-

Tabelle 3: Einwohnerentwicklung in Manchester [58]

	Stadtgebiet	Stadtregion
1717	ca. 10 000	
1800	ca. 70 000	90 400
1831	142 000	270 963
1841	243 000	350 000
1850	303 000	389 000
1871	351 000	
1890	505 000	704 000
1900	544 000	1 240 000
1920		2 306 000

derts war Manchester eine aus allen Nähten platzende Marktstadt, ein regionales Handelszentrum mit begrenzten Produktionsfunktionen, deren Straßen, Plätze, Gebäude und erste Fabriken ein kaum strukturiertes Gesamtbild zeigten. Danach siedelten sich in der Stadt zunehmend Fabriken in ganzen Komplexen an, welche die Endverarbeitung der Textilprodukte vornahmen. Gleichzeitig dehnten sich die kommerziellen Funktionen der Stadt aus und nahmen eine weltweite Dimension an. Die Gründung von immer mehr Fabriken zog ihrerseits immer größere Zuwandererzahlen nach sich.

Das Zeitalter der Eisenbahn begann 1830 mit der Eröffnung der Linie von Liverpool nach Manchester. Auf Dämmen und Viadukten errichtet, waren die neuen Eisenbahnlinien im Stadtbild von vielen Stellen aus sichtbar. Sie markierten die wachsende Bedeutung als Handelszentrum für das südöstliche Lancashire, die Faucher bildhaft beschrieb: Manchester liege wie eine fleißige Spinne im Zentrum eines Spinnennetzes, von dem es Straßen und Eisenbahnen an seine Vorposten sende, die sich ihrerseits von Dörfern zu Vorstädten entwickelt hätten. Die in Manchester gesponnene Baumwolle werde binnen acht Tagen in Bolton oder Stockport ver-

45

woben, in Blackburn oder Preston bedruckt und schließlich wieder in Manchester versandfertig gemacht.[59] Exemplarisch zeigt sich hier, wie sich die Industriestädte gerade durch die Konzentration von wirtschaftlichen Kräften und Dienstleistungen entwickeln konnten. Speziell in Manchester brachte das Vorhandensein der Werkzeugmaschinenbranche für Reparaturen ausführende Betriebe nicht zu unterschätzende Standortvorteile. Die einzigartige »Partnerschaft zwischen Kapitalismus und Wissenschaft«[60] setzte gegenüber den in der Frühindustrialisierung zunächst hervortretenden ländlichen Industriestandorten Wachstumsimpulse für andere Branchen in der Stadt selbst und für die gesamte Region frei. Trotz wiederkehrender Wirtschaftskrisen – vor allem die Massenarbeitslosigkeit des »cotton famine« zur Zeit des amerikanischen Bürgerkrieges, als die Zufuhr von Rohbaumwolle stockte, ist in die Stadtgeschichte eingegangen – wurde der Aufschwung der Stadt während des 19. Jahrhunderts nie nachhaltig gedämpft.

Neben der ökonomischen Spezialisierung, die Manchester eine besondere Bedeutung für die umgebende Region verlieh, ist außerdem ein allgemeiner Wandel in den räumlichen Austauschbeziehungen festzustellen. Manchester wurde zum Mittelpunkt einer Region, die durch eine besondere soziale Struktur ausgezeichnet war und bei der die Kernstadt als Verwaltungs-, Einkaufs- und Bankenplatz für die Bevölkerung des Gesamtraumes eine spezifische alltagspraktische Bedeutung gewinnen sollte.

Slums und »bessere Viertel«

Die soziale Raumstruktur

Das Tempo der industriellen Expansion der Baumwollverarbeitung war nicht nur Ursache für die Bevölkerungsentwicklung und die wachsende räumliche Ausdehnung der Stadt, sondern bestimmte auch die räumliche Abgrenzung ökonomischer Funktionen. Durch den zunehmenden Bau von Lagerhäusern für Rohstoffe, Zwischen-

und Endprodukte – von 1820 bis 1829 stieg deren Zahl von 89 auf 279 – bildete sich ein eigenes Lagerhausviertel aus. Dies sollte zusammen mit den in die Stadt vordringenden Eisenbahnen sowohl die Morphologie wie die sozialräumliche Struktur der Industriestadt in entscheidender Weise prägen. Einzelne Stadtgebiete übernahmen klare Funktionen. Bereits um die Jahrhundertmitte – und das ist ein im historischen Vergleich sehr früher Zeitpunkt – ähnelte das Geschäftszentrum von Manchester durch seine funktionale Geschlossenheit schon einer typischen heutigen Innenstadt. Es gab ein Kerngebiet mit College, Old Church, Börse und Gerichtsgebäude, ansonsten konzentrierte sich in der Innenstadt die Industrie, die im wesentlichen den Flußläufen folgte. Die Ufer des Irwells, wo sie ihren Ursprung gehabt hatte, waren immer noch ihr Zentrum. Die Innenstadt wurde von einer großen Durchgangsstraße in Ost-West-Richtung durchschnitten. Jeweils an deren Ende befanden sich die Geschäfte für den täglichen Bedarf, während sich in der zentral gelegenen Market Street die Luxusgeschäfte und Zeitungsbüros angesiedelt hatten. Noch existierten hier gleich neben ihr die Mosley Street (siehe Abbildung 2), ein privilegiertes Wohnquartier mit der eleganten Portico Library (1802–06) und der Royal Manchester Institution (1824/35) als öffentliches Kunstzentrum, dazu eine ganze Reihe massiver und architektonisch beeindruckender Warenhäuser. In der Stadt fehlte es zwar noch an Plätzen, Brunnen, Bäumen, Promenaden, kurz, an allen Oasen, die eine kultivierte Metropole auszeichneten, aber zweifellos stellte die gesamte Anordnung das ökonomische Optimum dar, bei dem verschiedene Industriezweige koordiniert und die Güterströme besser als an verstreuten ländlichen Standorten organisiert werden konnten.[61]

Durch den industriellen Flächenverbrauch im Stadtzentrum wurde gleichzeitig die Bodenspekulation angeheizt, was die Tendenz zur Ausbildung eines kommerziellen Zentrums unterstützte. Dazu kam der Einfluß der Eisenbahn auf die Stadtentwicklung: Zum einen wuchs der Wert verkehrsgünstiger Grundstücke überproportional, zum anderen veränderte sich die Raumstruktur der gesamten Stadt dadurch, daß sie entlang der Eisenbahnlinien wuchs. Wirklich leistungsfähige Nahverkehrssysteme standen um 1850 noch nicht zur Verfügung, und so waren die Fabrikarbeiter,

2 Mosley Street (Manchester) 1843
Die Mosley Street war bis zur Mitte des 19. Jahrhunderts eine elegante und zentrumsnahe
Wohnstraße, die ihren Charakter auch durch attraktive öffentliche Bauten erhielt. Der Bau von
Warenhäusern und die Abwanderung der Wohnbevölkerung brachten hier einen raschen Verän-
derungsdruck. Die Abbildung zeigt rechts das Milne Building von 1839, ein in Neorenaissance
gestaltetes Lagerhaus. Der hier entwickelte »Palazzo«-Stil prägt bis heute viele Wirtschafts- und
Repräsentationsbauten in Manchester. Mitte links die Royal Manchester Institution von
1824/35.

nicht zuletzt durch die ausgedehnten täglichen Arbeitszeiten, noch für längere Zeit darauf angewiesen, sich in der unmittelbaren Nähe der Fabrikanlagen niederzulassen. Die Hinterhöfe und Gärten der mittelalterlichen Kernstadt wurden überbaut. Dies führte zur enormen Verdichtung der Wohnbevölkerung und zur Ausbildung von Slums. Erste Stadterweiterungsgebiete für Arbeiterfamilien, jeweils in der Nähe von Textilfabriken, wurden ausschließlich durch Bauunternehmer, d. h. zu kommerziellen Zwecken, in Angriff genommen, anders als auf dem Kontinent, wo der Werkswohnungsbau zu dieser Zeit noch eine wichtige Rolle spielte.

Dem Zuwachs an ökonomischer Funktionalität des Stadtinneren und seiner Verdichtung entsprach die Abwanderung von Mittel- und Oberschichten an den Stadtrand. Steigende Grundstückspreise, Lärm, Schmutz und Smog und die Furcht vor unerwünschtem Kontakt mit den ins Stadtgebiet einströmenden Arbeitern waren ebenso treibende Kräfte bei dem Entschluß, in die Vororte zu ziehen, wie das positive Bild vom Leben auf dem Lande, der Traum von luxuriöser Häuslichkeit in der Villa oder wenigstens vom Häuschen im Grünen.

Infolge dieser Abwanderung vertiefte sich die räumliche Distanz zwischen den sozialen Schichten. Schon um 1850 bestand die Hälfte des damaligen Stadtgebiets aus den prosperierenden Wohnvororten, die meist südwärts der Kernstadt und in Distanz zur industriellen Peripherie entstanden waren. Als sie in der Folgezeit von der wachsenden Stadt eingeholt wurden, blieb ihren privilegierten Bewohnern nichts anderes übrig, als immer weiter außerhalb des Stadtrands in neue Vororte zu ziehen. Viktoria Park, 1837 gegründet, gilt als Beispiel für eine großzügige Villensiedlung, die bis zum 20. Jahrhundert durch Vereinbarungen mit Nachbarorten und mittels Mauer und Schranken von der Außenwelt abgeschottet wurde. Hier lebte ein bedeutender Teil der kommunalen Elite Manchesters, darunter in der zweiten Jahrhunderthälfte eine beträchtliche Anzahl deutscher Kaufleute. Solch inselartige Abgrenzung konnte freilich gegen Ende des Jahrhunderts das suburbane Wachstum nicht bremsen, das sich durch die neuen Transportmittel, vor allem die Vorort- und elektrischen Straßenbahnen in kommunaler Regie, zunehmend in die Fläche hinein vollziehen sollte.

Was den Zeitgenossen, die sich mit der Wirklichkeit Manchesters beschäftigten, am meisten auffiel, war genau diese innovative Raumstruktur der Gesamtstadt. Es ist höchst aufschlußreich, zwei Beschreibungen dieser Struktur – nämlich von Angus Bethune Reach und von Friedrich Engels – miteinander zu vergleichen.

Deutlich vereinfachend, sah Reach die Stadt in drei räumliche Zonen geteilt:[62] Draußen die Wohnquartiere der Privilegierten, die sich ein Leben ohne Lärm und Gestank leisten konnten und wollten – und die zugleich den neuartigen sozialen Typ des Arbeitspendlers repräsentierten. Die Suburbs der Wohlhabenden zögen sich mit angenehm geschwungenen Straßen an den Hügeln entlang, nicht selten seien Villen von Grundstücken gewaltigen Ausmaßes umgeben. In der Kernstadt dominiere zunächst das Geschäftszentrum mit seinen »stumpfen Lagerhäusern« und im Anschluß daran eine dritte Region, »die große Masse des raucherfullten, schäbigen, in Schweiß gebadeten und sich abmühenden Manchesters«, räumlich konzentriert in der ehemals vorindustriellen Altstadt. Dort waren die Wohnverhältnisse mit Kellerwohnungen, unsauberen Hinterhöfen und Straßen ohne Entwässerung am schlimmsten. In den angrenzenden neugebauten Stadtteilen überwogen Häuser, deren Hinterfronten aneinandergebaut waren, sogenannte Back-to-back-Reihenhäuser mit Wohndichten bis zu 150 Wohnungen pro Hektar, die weder die nötige Zufuhr an Luft noch an Licht hatten. Obwohl diese Kleinhäuser prinzipiell den Vorteil besaßen, jeder Familie ein eigenes Heim zu bieten, war gerade dies bei dem in den Industriestädten des Nordens verbreiteten Haustyp in Frage gestellt, da sie häufig durch zahlreiche Untermieter überfüllt waren. Neue »Cottages« wurden mit einer Geschwindigkeit errichtet, die nur die Personen erstaunte, die nicht über deren Dürftigkeit Bescheid wußten: Die Bauunternehmer erstellten Häuser mit dünnen Ziegelwänden und ungeeignetem Baumaterial, die Rückseiten aneinandergefügt und die Wohnungen demnach ohne Ventilation, dazu ohne Entwässerung, die dann überfüllt wie ein Bienenstock waren. Unter dem Einfluß von Londoner Bauvorschriften, die seit den 1840er Jahren in anderen Städten eingeführt wurden, kam es schließlich zur Entwicklung eines hygienisch verbesserten Reihenhaustyps, der »Bye-law-terrace« mit Hinterhof, nach Jahrzehnten auch zur Senkung der Belegungsdichte.

Insgesamt fand Reach die Wohnungsverhältnisse nicht so schlecht wie die Londons. Freilich, in der Mitte der Stadt, an der Oldham Road und in Ancoats traf er auf Arbeiter»kolonien«, die von Massen der »verkommensten Leute« bevölkert seien, die er jemals gesehen zu haben glaubte. Reach stellte eine neue Differenzierung der Wohngebiete fest: Neben dem überfüllten Niemandsland der Armut im Stadtinneren existierten neuere Arbeiterquartiere wie Hulme mit deutlich höherer Raum- und Lebensqualität, die ihn für die Zukunft auf eine schrittweise Besserung der Verhältnisse hoffen ließen.

Friedrich Engels machte sich während seines ersten, fast zweijährigen Aufenthalts in Manchester 1842–44 von den dunkelsten Winkeln der Stadt ein eigenes Bild und griff für sein Buch über die Lage der arbeitenden Klassen in England und speziell in Manchester außerdem auf das bis dahin entstandene reichhaltige Quellenmaterial zurück, das mit Kays Enquete und den verschiedenen »Sanitary Reports« sowie den Berichten der Fabrikinspektoren vorlag. Ihm als fundamentalem Kritiker der Stadtentwicklung im Industriekapitalismus schien diese, wie den meisten seiner Zeitgenossen, nur in den Begriffen der Pathologie faßbar. Aber im Unterschied zu ihnen las er gleichsam die Stadtarchitektur als unzweifelhaften Beweis der Ausbeutung der Arbeit durch das Kapital. Er wollte zeigen, daß die Stadt der Moderne, die er als ein Symptom des Industriekapitalismus sah, nur auf Kosten von Tausenden von Menschen funktionierte, die hungerten und erkrankten. Offenkundig betrieb Engels Stadtanalyse auf zwei Ebenen: die maßgebliche Industriestadt sollte als eine prototypische Schöpfung der Bourgeoisie und zugleich als Ort, von dem die soziale Revolution ihren Ausgang nimmt, entschlüsselt werden. Dazu waren Erkundigungen nötig, die, ähnlich wie bei Reach, eine soziale Topographie als Beziehung zwischen sozialer Struktur und räumlichen Anordnungsmustern zutage förderten. Dieser Ansatz war im Kern plausibel und in terminologischer Hinsicht produktiv.

Dreihundertfünfzigtausend Arbeiter wohnten, Engels zufolge, »fast alle in schlechten, feuchten und schmutzigen Cottages«.[63] Allerdings differenzierte auch Engels zwischen den Resten der alten, vorindustriellen Stadt Manchester, »deren frühere Einwohner [...] in bessere Bezirke gezogen und die Häuser, die ihnen zu schlecht

51

waren, einer stark mit irischem Blut vermischten Arbeiterrasse überlassen« hatten, und den schon besser gebauten neueren Vierteln. Engels beschrieb die Stadt als Serie konzentrischer Zonen: In seinem Zentrum gebe es einen ziemlich ausgedehnten »kommerziellen Bezirk«, umgeben von einem eineinhalb Meilen breiten Wohngürtel der »Arbeiter«, jenseits wohne »die höhere und mittlere Bourgeoisie«.[64] Engels kehrte übrigens in die Stadt zurück, um im Unternehmen seines Vaters eine Stelle anzunehmen. In Manchester führte er ein Doppelleben, mit dem er seine Stadtanalyse sozusagen in eigener Person bestätigte: Im Mittelpunkt der Stadt ging er seinen Geschäften nach, besuchte die Börse, nahm an den Versammlungen und Banketten der Industriellen teil und empfing Geschäftsfreunde in seiner offiziellen Wohnung, während er sein Privatleben in ein Vorstadthäuschen verlagerte.[65]

Freilich entfernten sich nicht nur Arbeiterbevölkerung und Mittel- und Oberschichten voneinander, sondern auch innerhalb der Arbeiterschaft liefen – stets auch räumliche – Differenzierungsprozesse nach Kriterien des Einkommens, der Qualifikation, der Respektabilität und der ethnischen Herkunft ab. Kleine Gewerbetreibende und handwerklich ausgebildete Arbeiter betonten ihren Status gegenüber den Angelernten; dann kamen die verschiedenen Abstufungen unter den Ungelernten. Diese Distanzierungen, die in einen allgemeinen Suburbanisierungsprozeß einmündeten, nahmen deutlich an Umfang und Ausmaß zu, als sich am Ende des 19. Jahrhunderts der öffentliche Nahverkehr entwickelte, der die tägliche Beförderung für einfache Angestellte und Arbeiter erschwinglich und zeitökonomisch sinnvoll machte und es ihnen ermöglichte, immer weiter vom Stadtzentrum entfernt zu wohnen. Erst jetzt war Manchester keine »walking city« mehr, in der die Menschen ihre ganze Lebensweise auf das unmittelbare Umfeld ihrer Arbeits- und Wohnstätten beschränkt hatten: »Die Einführung der elektrischen Straßenbahn zu Beginn des Jahrhunderts beeinflußte das Leben der einfachen Leute sehr tiefgehend, die Massen genossen nun die Wohltaten billiger Transportmöglichkeiten [...] Ein Teil der unteren Mittelschichten zog in die Vororte, so daß besser verdienende Handwerker aus den dichtbevölkerten Vierteln in die Häuser ziehen konnten, die sie verlassen hatten. Die elektrische Straßenbahn ermöglichte es mehr Angehörigen der Arbeiterklasse als jemals zuvor, außerhalb ihrer unmittelbaren Nachbarschaft einen Job zu finden, ihre Freunde und Verwandten zu besuchen, in Parkanlagen, Konzerte und Kinos zu gehen.«[66]

Halten wir fest: Bezeichnend für Manchester im Vergleich zu anderen sich industrialisierenden Städten waren der frühe Zeitpunkt und die scharfe Ausprägung sozialer Segregationsprozesse. Zwar kannte schon die vorindustrielle Stadt eine Differenzierung von Wohnanlagen in Abhängigkeit von Berufen und den Notwendigkeiten der Gewerbeausübung, und auch nach konfessionellen und ethnischen Kriterien konnten sich besondere Wohnquartiere herausbilden; klassenspezifische Unterschiede begründeten hingegen nur in sehr geringem Ausmaß eine Differenzierung nach Wohnlagen. Die entscheidende zeitgenössische Erfahrung bei Manchester war, daß die räumliche und soziale Trennung von Vermögenden und Kapitalschwachen in Form der Quartiersbildung sichtbar wurde, einhergehend mit einem außerordentlichen Gefälle der Wohnungs- und Umweltqualität zwischen den einzelnen Stadtzonen. In Manchester wurden die neuen sozialen Differenzierungen der sich entwickelnden Industriegesellschaft zuerst sichtbar, und zwar am deutlichsten dort, wo die arbeitende Bevölkerung durch die Ummauerung der Grundstücke in den »modernen« Vororten rigoros ausgesperrt war, wie Kritiker bemerkten.[67]

Kay kritisierte bereits 1832, daß sich die wohlhabendsten Unternehmer samt ihren leitenden Angestellten in die ländlichen Suburbs zurückzögen. So bliebe das eigentliche Manchester kleinen Ladenbesitzern und der Arbeiterbevölkerung überlassen, sowie »Gastwirten, Bettlern, Dieben und Prostituierten«.[68] Anders als in den traditionellen Marktstädten der Zeit war es in Manchester also möglich, ständig im Bezugsraum der eigenen sozialen Gruppe zu verweilen. Zu bestimmten Zeiten schienen die Straßen allein den Arbeitern zu gehören: Bei Betriebsanfang um sechs Uhr, zu Beginn der Frühstückspause, wenn sie nach Hause eilten oder wenn sie ihren Freizeitvergnügungen nachgingen. Nach Betriebsende füllten sich bei schlechtem Wetter die unzähligen Bierkneipen und Ginhäuser mit Personen beiderlei Geschlechts, die Straßen lagen verlassen da, bei Sonnenschein saßen die Arbeiter vor ihren Behausungen, und man wurde laufend von Bummlern angerempelt.[69] Elizabeth Gaskell, kenntnisreiche Autorin von aufsehenerregenden Sozialromanen, beschreibt in »North and South« [1855], wie es in einem außergewöhnlichen Moment zur Konfrontation von sonst separierten Gruppen kommt: »Sie kamen die Straße einher, mit ihren anzüglichen Gesichtern, ihrem lauten Gelächter und ihren Witzen, die sich insbesondere gegen diejenigen richteten, die ihrem sozialen Status nach höher als sie zu stehen schienen. Der Ton ihrer ungehemmten Stimmen und ihre Mißachtung alles guten Benehmens erschreckte Margaret zunächst. Die Mädchen nahmen sich die Freiheit, ihre Kleidung zu kommentieren oder sogar ihren Schal oder ihren Mantel zu befühlen, um das Material zu prüfen. Sie hatte nichts dagegen, diese Mädchen zu treffen, so laut und lärmend sie waren, aber sie fürchtete die Arbeiter, die sich [...] über ihr Aussehen verbreiteten.«[70]

Engels war darüber konsterniert, wie die schlechtesten Arbeiterquartiere so hinter anderen Bauwerken versteckt lagen, daß die Angehörigen der Mittelschichten unliebsame Kontakte und Einblicke bewußt vermeiden konnten.[71] Die Scheidung in Arbeiterviertel und exklusive Vororte stellte nach dem Urteil der meisten zeitgenössischen Kommentatoren eine Gefahr für den Zusammenhalt der Gesamtgesellschaft dar, während Engels in einer solchen Polarisierung den ersehnten Vorboten für die in Kürze zu erwartende Revolution erblickte. Für Kay, Faucher, William Cooke Taylor, Disraeli und Reverend Richard Parkinson von der Collegiate Church 1839 handelte es sich um eine Quelle der Unmoral und der sozialen Gefahr, gehe doch mit der Abschottung der gesellschaftlichen Gruppen und mit regelrechtem Mißtrauen zwischen den sozialen Klassen ihr lebendiger Kontakt verloren. Bislang habe die scharfe Ausprägung unterschiedlicher Lebensstile vermieden werden können. Alltägliche Begegnungen hätten sozialen Ausgleich gestiftet. Durch ihren Rückzug in die eigene Kleinfamilie verlören die Reichen die Armen aus den Augen. Sie nähmen diese nur noch in ihrer Eigenschaft als sozial Auffällige wahr, als Landstreicher, Bettler und Kriminelle. Bei wirtschaftlichen Krisen mit hoher Arbeitslosigkeit breche in der Stadt deswegen die »moralische Ordnung« zusammen.[72] Ebenso zu hohe Mobilität schien systemdestabilisierend: In den 1860er Jahren ermittelte T. R. Wilkinson von der Statistischen Gesellschaft

3 Kellerwohnung (Manchester) 1843
Die Kellerwohnungen in Manchester waren in der Regel von wesentlich mehr Personen bewohnt, als in dieser Abbildung erscheint. Realistisch der baufällige Zustand und das dürftige Mobiliar dieses Raums.

Manchesters, daß im Bezirk Gaythorn 26 % der Mieter ihre Wohnung vor weniger als einem Jahr gemietet hatten. Tagtäglich fanden durch Umzüge, aufgrund von Nutzungsänderungen und steigenden Bodenpreisen sowie durch den Eisenbahnbau Verschiebungen in der sozialen Zusammensetzung einzelner Bezirke statt, Wohnbevölkerungen wurden in randgelegene Stadterweiterungsgebiete teils verdrängt, teils schien für die Bewohner dort eine Verbesserung der Wohnverhältnisse möglich.

Soziale Entmischung war im ganzen 19. Jahrhundert ein wichtiges Motiv für wohnreformerische Initiativen. Eine solche Entmischung galt als gefährlich, weil mit ihr der Verlust des sozialen Vorbilds von Familien »gehobener« Schichten drohte. Mit dem Schmutz in den überfüllten Arbeiterquartieren schienen moralische Entwurzelung und mit Unmoral Kriminalität und unerwünschte Widerständigkeit einherzugehen. Das Gegenbild des wohlgeordneten, utopische Züge annehmenden Fabrikdorfs unter Aufsicht eines patriarchalischen Fabrikherrn drängte sich angesichts der verwahrlosten Quartiere am Ufer des Irk auf. Freilich überwogen stets die Stimmen derjenigen, die industrielle Dezentralisierung und kontrollierte Gemeinschaftsbildung für kaum realisierbar hielten.

Slums und »Communities«

Beobachter einer konkreten Stadtlandschaft sind sich gemeinhin darüber einig, welche Stadtgebiete als Slums betrachtet werden müssen, da der Kontrast zu den eigenen Standards von Ordnung, Privatheit und Sauberkeit ins Auge springt. Seit den ersten Analysen zur Entwicklung von Slums stellte sich die Frage, ob man Verslumung von Quartieren eher auf die moralischen Qualitäten von Slumbewohnern oder auf deren objektive Armut zurückführen müsse – während die heutige Diskussion das zugrundeliegende überdurchschnittliche städtische Wachstum betont, das auf der hohen Zahl ländlicher Zuwanderer beruht.

Die Furcht davor, daß sich aus den bislang unbekannten Elendsquartieren heraus Krankheiten in der gesamten Gesellschaft ausbreiten könnten, war seit dem 19. Jahrhundert notorisch. Geschockt

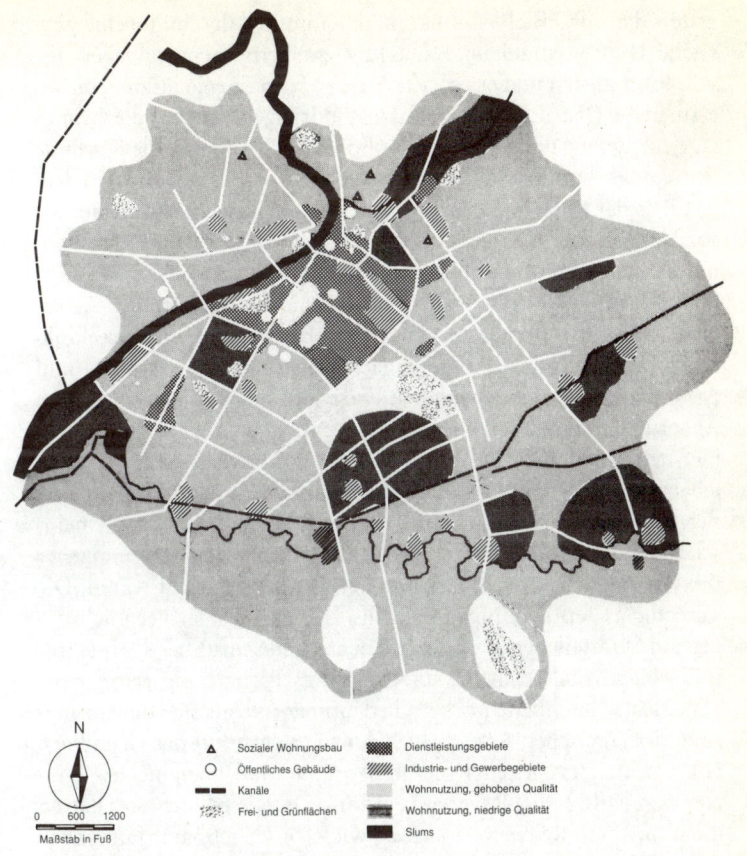

N	
△ Sozialer Wohnungsbau	▓ Dienstleistungsgebiete
○ Öffentliches Gebäude	▨ Industrie- und Gewerbegebiete
▬ Kanäle	░ Wohnnutzung, gehobene Qualität
⋮ Frei- und Grünflächen	▦ Wohnnutzung, niedrige Qualität
	■ Slums

0   600   1200
Maßstab in Fuß

4 Bebauung in einzelnen Stadtzonen (Manchester) in den 1820er Jahren
Die Karte der Landnutzungsstruktur zeigt eine differenziertere Gliederung als die übliche Drei-Zonen-Einteilung, die man bei zeitgenössischen Schriftstellern findet. Wohngebiete gehobenen Standards liegen in Gemengelage mit Slums, sie weisen fast durchgängig einen Bezug zum Stadtgrün auf, soweit dieses existiert. Deutlich wird die Nähe von Wasserläufen und Produktionszentren.

erfuhr das bürgerliche Publikum, daß inmitten der Städte eine physische Umwelt minderster Qualität existierte. Sensationsberichte von Journalisten und ernsthafte Enqueten von Armenärzten, die als erste in die Distrikte des Schmutzes eindrangen, schufen die Grundlage für wohn- und sanierungspolitische Programme, die am Ende des 19. Jahrhunderts wirksam wurden. Von Anfang an, so legt das Beispiel Manchester nahe, wird das Elendsviertel nicht nur als sozialpolitisches Versagen des Wirtschaftsliberalismus gebrandmarkt, sondern auch als Unterwelt thematisiert: Arme und »gefährliche Klassen« lebten hier gleichermaßen. Von respektablen Arbeitern wußte der Bürger im Zusammenhang mit dem Schreckbild Slum nichts. Soziale Abgrenzungen innerhalb von Armen- und Arbeiterquartieren blieben auch Forschern mit wissenschaftlichem Anspruch lange verborgen, und kaum einmal wurde gesehen, daß es hier neben Schmutz und Elend eine konstruktive Seite des Alltagslebens gab: vielfältige Bindungen, Kontakte, nachbarschaftliche Beziehungen. Es entwickelten sich spezifische Formen der Gemeinschaftsbildung, die um so stärker ausgeprägt waren, je homogener die Wohnquartiere in sozialer und ethnischer Hinsicht waren. Die Vergemeinschaftung im Sinne wechselseitiger sozialer Verpflichtungen auf Stadtteilebene bedeutete einen ersten Schritt bei der Integration von Zuzüglern in die städtische Gesellschaft. Sie war für die allgemeine Geschichte insofern bedeutungsvoll, als sich die Formierung der englischen Arbeiterklasse nicht zuletzt auf der Grundlage von stadtteilbezogenen Kommunikations- und Sozialnetzen vollzog. Bereits 1839 fiel Reverend Parkinson auf, in Manchester hätten nicht nur die »Reichen« so etwas wie eine »Nachbarschaft«, sondern auch die »Armen« einen eigenen Lebenszusammenhang ausgebildet. Auf dem gemeinsamen Weg zur Fabrik, der stets zur selben Zeit stattfinde, käme es zu immer ausgedehnteren Bekanntschaften. Trotz der hohen Mobilität und heterogenen Herkunft der Armenbevölkerung gebe es wechselseitige Kontakte, existiere ein echtes Zusammengehörigkeitsgefühl, das sich in gegenseitiger finanzieller Hilfe innerhalb des Viertels ausdrücke, da die größte Gemeinsamkeit der Armen eben im gemeinsamen Wohnen bestehe.[73]

Während die Unternehmerfamilien über verwandtschaftliche Beziehungen sowie formale und institutionalisierte Kommunikation miteinander verwoben waren, bildeten die ärmeren Bevölkerungsteile, über die Jahrzehnte hinweg, Netzwerke auf einer territorialen Grundlage aus. 1841 zeigte eine Untersuchung der Statistischen Gesellschaft in Manchester, daß im Stadtteil Hull 25 % der Haushaltsvorstände in Manchester selbst geboren waren und immerhin weitere 57 % hier schon mehr als zehn Jahre gelebt hatten, also lange genug, um Kontakte und Beziehungen aufzubauen. Leider weiß man wenig über das Ausmaß der innerstädtischen Mobilität, die wegen der Abhängigkeit der Lohnarbeiter von konjunkturellen Zyklen ohne Zweifel hoch lag und die stadtteilspezifische Gemeinschaftsbildung erschwerte.

Robert Roberts hat beschrieben, wie sich um die Jahrhundertwende ein Arbeiterquartier im Manchester direkt benachbarten Salford für seine Bewohner darstellte. Zu den Auffälligkeiten gehörte das Auftreten von Jugendbanden auf den Straßen, die eine Art Subgesellschaft bildeten; überhaupt spielte die Straße in den Gemeinschaftsbeziehungen eine große Rolle.[74] Zunächst als Raum selbstorganisierter Unterhaltung. Kinder improvisierten Theater- und Gesangssaufführungen, hier setzte sich der symbolische Wettstreit um Ehre und Rang fort, der im Quartier auf allen Ebenen ausgetragen wurde. Auf den Straßen zeigte man sich in »respektabler«, nicht in Arbeitskleidung. Für die Nachbarn signalisierte das samstägliche Putzritual, daß der Ruf der Familie unbefleckt war. Jede Familie in der Straße hatte einen besonderen sozialen Rang; »die eine Seite einer Straße mochte anders klassifiziert werden als die andere. Eckhäuser hatten oft einen besonderen Status. Einmal abgesehen davon, daß auch die einzelnen Angehörigen anderer Familien individuell taxiert wurden, war es selbstverständlich, daß jeder Familie ein Platz auf der sozialen Leiter zugewiesen wurde. Die Hierarchie in unserer Gemeinschaft reichte von den jeweils ihre Einflußsphäre beanspruchenden ›führenden Familien‹, zu denen Ladeninhaber, Wirte und Facharbeiter gehörten, bis zu einer Grundschicht, die als die ›niedrigste‹ verdammt wurde und der man überhaupt die Zugehörigkeit zur lokalen Gesellschaft absprach.«[75]

Die Differenzierung von Wohnlagen und die Gemeinschaftsbildung in Slums folgten sowohl sozialökonomischen wie ethnischen Linien. In Manchester lag der Anteil der Iren an der gesamten

Wohnbevölkerung sehr hoch: 1841, vor der irischen Hungerkatastrophe und der Massenemigration aus Irland, waren 4 % der Bevölkerung von London, 12 % von Manchester und 17 % von Liverpool in Irland geboren. 1851 lebten in Manchester 52 504 Iren, das waren 13,1 % der Gesamtbevölkerung. 1871 waren es 34 066 Iren, d. h. 9 % der gesamten Bevölkerung. Bis 1901 sank dann der irische Bevölkerungsanteil, da die Zuwanderung zurückging und sich jüngere Generationen nicht mehr so stark mit der eigenen Ethnie identifizierten, auf 3,7 %.[76] Die irischen Arbeiter, Tagelöhner, Hausangestellten und Straßenhändler konzentrierten sich vor allem in zwei Gebieten: in Little Ireland mit ca. 2000 und in der New Town mit ca. 20 000 irischen Bewohnern. Die bei den Iren ausgeprägten familiären Bindungen erleichterten Neuzuziehenden die Suche nach Arbeitsplätzen, und bei ihren Landsleuten fanden sie eine erste Bleibe. Die Situation war der in den ethnischen Ghettos der USA fünfzig Jahre später ähnlich. Identität und Selbstorganisation beruhten in der irischen »community« in starkem Maße auf religiösen Bindungen, auf der Integration in eigenen katholischen Kirchengemeinden[77] und darauf, daß Iren häufiger als englische Arbeiter ihre Wohnungen miteinander teilten. Sie lebten wegen ihrer Armut in völlig überfüllten Häusern.

Little Ireland am Ufer des Medlock wies alle Merkmale eines Slums auf: ein Gewirr von überfüllten und feuchten Kleinstwohnungen, häufig unter Straßenniveau und unterhalb des Wasserspiegels des Medlock liegend; verwahrlost, verschmutzt und hoffnungslos überfüllt. Von ihrer englischen Umwelt wurden solche Verhältnisse und die Iren selbst als Gefahr für die öffentliche Gesundheit betrachtet. Die Iren wurden als kriminell, gesetzesbrecherisch, »wild«, als »unzivilisiert« und als fanatisch stigmatisiert.[78] Der sonst so präzise Dr. Kay tat in seiner Untersuchung über die Wohnverhältnisse aus dem Cholerajahr 1832 das Seine, ein Bild zu verbreiten, bei dem zwischen der Beschreibung des schmutzstarrenden physischen Milieus und der moralischen Verurteilung der Slumbewohner, die im Schmutz lebten, kaum noch unterschieden wurde. Andere, aufgeschlossene Beobachter akzeptierten die Iren wenigstens als eigene »Rasse« mit einer spezifischen Kultur, die auch positive Seiten aufwies: Warmherzigkeit, Familiarität,

Solidarität. Vielen jedoch erschien die Stadt gesundheitlich, und darüber hinaus in ihrer ganzen bürgerlichen Ordnung, von den irischen Slums bedroht. Und verursachten die Iren ihre schlechte Situation nicht selbst durch ihre schlechten Sitten, mit denen sie englische Arbeiter womöglich anstecken konnten? Kay ließ das offen. Ihm ging es darum, auf eine »Krankheit« im gesellschaftlichen Organismus Manchesters hinzuweisen, die seine Energien lähmte. Am Ausmaß der sozialen und hygienischen Gefahr demonstrierte er, daß die Gefahr schneller gewachsen war, als daß man sie hätte bewältigen können. Die neuen Mittelschichten waren aufgefordert, sich nicht mehr allein der Vermehrung ihres Wohlstandes, sondern auch der Kommunalpolitik zu widmen.

Die fremde und abgeschlossen lebende irische Volksgruppe mit ihrem Gemeinschaftsgeist, der auf gemeinsame Wurzeln und die gemeinsame Religion zurückging, brachte zweifellos eine ausgeprägte Militanz hervor: Versuche der Polizei, Destilliergeräte zum Schwarzbrennen von Whiskey zu beschlagnahmen, führten zu regelrechten Kleinkriegen, bei denen sich die Frauen aktiv beteiligten. Den Iren mangelte es sichtlich an puritanischen Werten, an Sparsamkeit, Mäßigkeit und Lebensplanung. In vielerlei Hinsicht waren die Tugenden und Laster des Iren, jedenfalls die, die von außen wahrgenommen wurden, genau das Gegenteil von dem, was der disziplinierte und »respektable« englische Handwerkerarbeiter [artisan] für richtig hielt. Daraus und aufgrund der Konkurrenz mit ungelernten englischen Arbeitern auf dem Arbeitsmarkt, die den Iren vorwarfen, sie seien Streikbrecher, ergab sich eine fast unüberbrückbare Fragmentierung der Arbeiterschaft. Die Ängste der Mittelschichten wurden so durch die Feindschaft bestätigt, die von seiten der »arbeitenden Klassen« den Iren gegenüber bestand.

Das Bürgertum: eine einheitliche Klasse?

In Erfolgsromanen wie »The Manchester Man« von Linnaeus Banks verbreitete sich das im Milieu des Wirtschaftsbürgertums selbst entworfene Bild ungebrochener Ernsthaftigkeit und Arbeitsamkeit. Die starke normative Kraft dieses Selbstbildes in der englischen Sozialgeschichte legte die Frage nahe, inwieweit der wirtschaftliche Aufstieg der Industriemetropole auf eine bestimmte Wirtschaftsmentalität zurückgeführt werden kann. Zweifellos standen Risikobereitschaft und eine gewisse Rücksichtslosigkeit, persönliche Ausdauer und Robustheit bei den Kaufleuten und Unternehmern in hohem Ansehen. Ihre kollektive Werthaltung läßt sich als Leistungsdenken, Autonomiestreben und Individualismus charakterisieren, und all dies kontrastierte zu den bislang gesellschaftlich dominierenden Werten der Gentry und zu den Solidarvorstellungen der Arbeiter. Daran gewöhnt, selbst zuzupacken, betrachtete ein typischer Manchester-Unternehmer die Klagen und Forderungen seiner Arbeiter über zu lange Arbeitszeiten »als hinterhältigen Wunsch, sich vor ihren Pflichten als anständige Mitarbeiter zu drücken; im Grunde glaubten sie, solange ihre Geschäfte gut liefen, daß die Welt für jedermann die bestmögliche war«.[79]

Unbeirrbar schritten sie auf dem Mittelweg durchs Alltagsleben voran: Weder besondere Begabung noch Dummheit charakterisierte das geistige Klima der Börse, des »Parlaments der Baumwollbarone«.[80] Doch existierte »Bürgerlichkeit« keineswegs als abgeschlossenes und oppositionelles Wertesystem gegenüber der »landed society«. Richard Cobden, der Führer der mächtigen, von Manchester ausgehenden Freihandelsbewegung zur Abschaffung der protektionistischen Korngesetze, meinte die in den fünfziger Jahren immer statusorientiertere und politisch weniger als früher interessierte Geschäftswelt Manchesters gut zu kennen, wenn er ihr neben ungehobelten Sitten ein gewisses Maß an »Speichelleckerei« gegenüber einer tölpelhaften Aristokratie zuschrieb.[81]

Wenn sich die »Cotton Lords« seit dem Ende der fünfziger Jahre der etablierten Adelsgesellschaft zuwandten, indem sie Statussymbole wie Adelstitel und Landbesitz erwarben, bedeutete dies sicherlich eine Anpassung an die Kultur der Aristokratie, andererseits sollten sich während der mittleren viktorianischen Epoche in der englischen Gesellschaft typische Wertvorstellungen der Mittelschichten durchsetzen – zumindest der Glaube an den sozialen Sinn individuellen Wettbewerbs und an die segensreichen Wirkungen einer Sozialpolitik, die auf dem Prinzip der »Selbsthilfe« aufbaute.[82]

Die kulturelle Kraft der protestantischen Berufsethik nicht weniger Unternehmer Manchesters, ihre Überzeugung, Wohlstand sei das sichtbare Zeichen des Gnadenstandes, hatte seine Wurzeln im geistig-sozialen Milieu der Freikirchen. Es ist aufschlußreich, daß auch andere europäische Textilstädte wie Elberfeld/Barmen Zentren freikirchlicher Bewegungen waren. Wie in Birmingham, Salford und Newcastle hatten nonkonformistische kirchliche Gruppen in Manchester einen Bevölkerungsanteil von 40–50 %. Rechnet man die über 20 % Katholiken hinzu, waren die Anhänger der anglikanischen Staatskirche in der Minderzahl. Aber die Nonkonformisten waren keine politisch einheitliche Gruppe: Insbesondere die starke Gruppe der Methodisten neigte im Gegensatz zu anderen Gruppen, wie die kirchenpolitisch lange diskriminierten Unitarier, zum Konservatismus. Berühmtheit erlangte die unitarische Gemeinde der Cross Street, in der einige der reichsten, gebildetsten und zum bürgerlichen Radikalismus neigenden Einwohner Manchesters Mitglieder waren. Solche Gemeinden stellten Gesinnungsgemeinschaften dar, von denen der protestantische Geist auf den gesamten Norden Englands ausstrahlte. Die gemeinsame Gesinnung kam der Anknüpfung ökonomischer und familiärer Verbindungen entgegen, die einen geschäftlich relevanten Informationsvorsprung gegenüber der Konkurrenz sicherte. Wie im pietistischen Milieu der Textilstadt Barmen verband der enge religiöse Zusammenhalt ein starkes und unzweifelhaft ernsthaftes philanthropisches Engagement glücklich mit geschäftlichem Erfolg, aber auch, im Unterschied zu Wuppertal, mit politischer Reformfreudigkeit.

Manchester wies eine stattliche Anzahl jüdischer, aus Osteuropa und aus Deutschland stammender Zuwanderer auf, die sich, anders als in Liverpool, wo sie weniger willkommen waren, als Bankiers und Geschäftsleute niederließen. Dies trug in das Manchester der Jahrhundertmitte einen kosmopolitischen Zug hinein. Dazu kamen christliche Geschäftsleute, Radikale und politische Flüchtlinge der 1848er Revolution vom Kontinent.

Weniger ausgeprägt tritt uns die Gruppe der freien Berufe entgegen, die mit dem Wirtschaftsbürgertum, soweit es sich liberal orientierte, durch Interessen und Heiratsbeziehungen vielfach verbunden war. Eine vermittelnde Gruppe zwischen den Arbeiterschichten und den gehobenen Mittelschichten stellten schließlich die »shopkeeper« dar. Diese Inhaber kleiner Verkaufsgeschäfte, der Kneipen und Pfandhäuser waren für ihre proletarische Kundschaft, mit der sie als Nachbarn zusammenlebten, als Realkreditgeber unerläßlich. Die Fluktuation in dieser Gruppe war aufgrund des minimalen Kapitals vieler Ladenbesitzer groß. In Krisen waren viele von ihnen gezwungen, ihre Selbständigkeit aufzugeben, und es gelang nur einer reichen Minderheit, ins Wirtschaftsbürgertum aufzusteigen.

Die Manchester-Schule des Liberalismus, wie sie sich seit den 1820er Jahren entwickelte, ist bis heute ein fester Bestandteil der politischen Ideengeschichte. Es handelt sich dabei eher um eine politische Bewegung als um eine streng wissenschaftlich orientierte Gruppe. Es fanden sich in ihr divergierende Gruppen zusammen: Fabrikanten, die sich von einem Freihandelssystem die Senkung der Lohnkosten versprachen, und bürgerliche Sozialreformer, wie sie sich etwa in der Statistischen Gesellschaft der Stadt zusammengefunden hatten. Idee und Bewegung des Manchesterliberalismus kulminierten schließlich in den Kämpfen der Liga gegen die Korngesetze. Von Manchester aus materiell und ideell gestützt, wäre deren phänomenaler Erfolg nicht möglich gewesen, wenn sich nicht die Mehrheit des lokalen Wirtschaftsbürgertums stark mit der Anti-corn-law-league identifiziert hätte. Nirgendwo wurde diese Identifizierung im Stadtbild deutlicher als beim Neubau der Free Trade Hall. 1856, zehn Jahre nach Abschaffung der Korngesetze, entstand hier eine imposante Versammlungshalle, ein im Renaissancestil gehaltenes Monument der Freihandelsbewegung.

Ein neues Gesicht: Stadtplanung und Stadtreform

Die Reform der Stadt

Zwischen 1832 und 1851 waren alle in Manchester gewählten Abgeordneten Liberale, darunter drei Fabrikanten. Im Unterschied zu anderen Städten engagierten sich hier wirtschaftsbürgerliche Kreise in starkem Maße in der Kommunalpolitik und überhaupt in den politischen Bewegungen. Doch darf man sich das Wirtschaftsbürgertum Manchesters politisch nicht als zu einheitlich·vorstellen. In vielen konkreten wirtschaftspolitischen Fragen waren sich die mehr auf die Stadt selbst konzentrierten »manufacturers« und die »merchants«, die das ganze Hinterland beherrschten, keineswegs einig, und obwohl liberal-freihändlerische Unternehmer in der Stadt seit den dreißiger Jahren eindeutig dominierten, gab es insbesondere in der Region bedeutende Fabrikanten wie die Birleys, die zu den Tories zählten. In den fünfziger Jahren mehrten sich die Anzeichen für den Rückzug des Wirtschaftsbürgertums von der unbedingten Freihandelslehre, nicht zuletzt, weil die Politik des Konservativen Palmerstons der Erschließung von Überseemärkten förderlich schien. 1857 erlitt die »Schule« in ihrer bisherigen Hochburg gegenüber den Tories eine empfindliche Wahlniederlage.

Manchester war schon ein kommerzielles Zentrum von europäischem Rang, als es 1838 endlich eine »incorporated town«, eine integrierte Stadtgemeinde wurde. Bis dahin verfügte es nur über eine höchst unklare, zersplitterte und nicht effizient arbeitende traditionelle Form kommunaler Verwaltung. Während die Landaristokratie in den Selbstverwaltungskörperschaften anderer englischer Städte aufgrund ihres städtischen Grundbesitzes großes Gewicht hatte, dominierten in Manchester auf kommunaler Ebene seit den dreißiger Jahren Middleclass-Einflüsse. Religiöse Dissidenten und Aktivisten der Anti-corn-law-league bildeten die kommunalpolitische Elite. Von dieser ging die heftige »Inkorporierungs«-kampagne zur Bildung einer größeren, einheitlichen Stadtgemeinde aus, die gegen die Tories und die mit ihnen in dieser Frage verbündeten Radikalen durchgesetzt wurde. Im Kontext der breiten englischen Bewegung zur Reform des Parlamentswahlrechts und der Kommunalverfassung gelang es, das alte, von Tories durchsetzte »Court Leet« als eine von mehreren Selbstverwaltungsinstitutionen durch neue, effizientere »Kommissionen« abzulösen. Die nur lose miteinander verknüpften »boroughs« wurden im Zuge des Kommunalreformgesetzes von 1835 zusammengefaßt. Allerdings blieb den einzelnen Teilen immer noch sehr viel Freiraum, und $5/6$ des späteren Stadtgebietes von 1853 waren 1835 noch nicht integriert.

Der Übergang zur liberalen Hegemonie vollzog sich nicht nur bei Parlamentswahlen, sondern auch auf lokalpolitischer Ebene. Seit den vierziger Jahren trat als eigenständiger kommunalpolitischer Faktor die »shopokratie«, die Inhaber der größeren Einzelhandelsgeschäfte, in Erscheinung. Sie setzten, nicht zuletzt aus steuerlichen Interessen, der Professionalisierung der Verwaltung, überhaupt den Stadtreformprogrammen von Mitgliedern des Wirtschaftsbürgertums, hinhaltenden Widerstand entgegen.

Es gehört zu den Merkwürdigkeiten der englischen Kommunalgeschichte, daß es lange beim komplizierten Neben- und Gegeneinander kommunaler Institutionen blieb, die sich ad hoc der gravierenden Entwicklungsprobleme in der Stadtregion annahmen. Die Ungleichzeitigkeit der Infrastrukturentwicklung – z. B. frühe Erfolge bei der Einführung einer öffentlichen Gasbeleuchtung, aber erhebliche Verzögerungen beim Ausbau der Bauaufsicht – muß z. T. auf die komplizierte Geschichte kommunaler Selbstverwaltung zurückgeführt werden, zu der gehört, daß der Industriemetropole der offizielle Stadtstatus erst 1853 zuerkannt wurde und daß man nicht vor 1872/75 von einer Zentralisierung der kommunalen Steuererhebung sprechen kann.

Insgesamt erhöhte sich, in den vierziger Jahren durch die sozialhygienische Reformbewegung angestoßen, bis zum Ende des Jahrhunderts das Ausmaß an Intervention in die städtische Umwelt fundamental. Entweder durch Beschränkungen der freien Verfügung von Eigentum (Bauvorschriften, Regulierung der Bebauungsdichte) oder durch die partielle Kommunalisierung von öffentlichen Dienstleistungsangeboten konnten die großstädtischen Lebensbedingungen verbessert werden. Der Aufbau einer sozialpolitisch profilierten Leistungsverwaltung, »die im ausgehenden 19. Jahrhundert [...] als die in der Welt höchstentwickelte anzusehen war«,[83] vollzog sich in Manchester früh und relativ erfolgreich. Wie in anderen Industriegroßstädten sind dabei bezeichnende Grenzen der Intervention festzustellen. Manchester verfügte 1912/13 nach London und Glasgow über das drittgrößte Streckennetz in Großbritannien und stand mit 259 Fahrten je Einwohner in der Beförderungsleistung an zweiter Stelle. Auch die Wasserpolitik war effizient. Während sich die Bevölkerung zwischen 1850 und

1900 verdoppelte, erhöhte sich der Wasserverbrauch um das Vierfache. Andererseits waren im Vergleich zu Deutschland die Möglichkeiten der kommunalen Gremien, eine eigenständige Bodenpolitik zu betreiben, nur minimal, und die vollständige Kanalisierung verzögerte sich bis ins 20. Jahrhundert.[84]

Vom Früh- zum spätviktorianischen Manchester

Viele der hier geschilderten strukturellen Merkmale Manchesters blieben bis zur Jahrhundertwende maßgeblich. So setzte sich nach 1850 die Ausdehnung des Hauptgeschäftsviertels in südlicher Richtung bis ca. 1870 fort, einhergehend mit einer kontinuierlichen Verdrängung der Wohnbevölkerung und mit der Expansion von Einzel- und Großhandel. Banken, Versicherungen und Geschäftsniederlassungen gewannen wachsende Bedeutung, wie sich auch die Mitgliederzahl der Börse von 1852 bis 1874 verdoppelte. Die zuerst im Londoner Westend feststellbare Tendenz, daß sich der in den Innenstädten konzentriere Einzelhandel überörtliches Prestige verschaffte, indem er das Sortiment erweiterte und die Verkaufsflächen durch Zusammenlegung kleinerer Läden und durch Neubauten ständig vergrößerte, vollzog sich hier genauso ausgeprägt. Zum Eindrucksvollsten in der spätviktorianischen Stadt gehörten die fünf glasüberdachten Einkaufspassagen, die zwischen 1870 und 1900 gebaut wurden, darunter die Barton Arcade mit umlaufenden Galerien und drei Obergeschossen und die Victoria Buildings, ein dreieckiger Block zwischen den Straßen Deansgate, St. Mary's Gate und Victoria Street, der mit seinen 28 Läden und 88 Büros und den 475 Meter langen Galerien den Dimensionen der Pariser Warenhäuser gleichkam. Und hier in der neuen City siedelten sich die Stätten großstädtischen Vergnügens an: Theater, kleine Kunstgalerien, Leihbibliotheken, exklusive Klubs. Am östlichen Rand der Innenstadt, deren Einwohnerzahl seit der Jahrhundertmitte zurückging, dominierten weiterhin die Warenhäuser.

Neben den Impulsen, welche die Privatwirtschaft der Stadtentwicklung gab, trat im letzten Jahrhundertdrittel bewußte Planung als Einflußfaktor der Stadtentwicklung hervor. Wenn beispielsweise die Straßen um die Börse herum neu geführt und verbreitert wurden, ging dies auf einen Ansatz zurück, bei dem die Belange des Verkehrs und der Durchsetzung von hygienischen Normen dominierten; eine Kontrolle des gesamten Flächenwachstums lag nicht im Horizont der kommunalen Gremien, wohl aber die Diversifizierung der Wirtschaftsstruktur.[85]

Um die Jahrhundertwende hatte die bislang vorherrschende Baumwoll- und Konfektionsindustrie an Gewicht verloren, dominierte aber weiterhin den regionalen Arbeitsmarkt: 1871 waren in Manchester und Salford in diesen Branchen 1,5 Millionen Arbeitnehmer beschäftigt (47 % aller Industriebeschäftigten), 1911 1,9 Millionen (37,3 %). Die Metall- und die Maschinenindustrie hatten dagegen ihren Anteil von 22,2 % auf 26,5 % steigern können.[86] Der Aufbau der neuen Automobilindustrie in den neuerschlossenen Industriegürteln im Osten der Stadt deutet auf weitere Innovationen, die sich in der Stadtwirtschaft Manchesters vollzogen. Kurz vor dem Ersten Weltkrieg, als Manchester im Zenit seiner industriellen Entwicklung stand, lag ein Gutteil der Produktionsbetriebe außerhalb der Kernstadt.

Während der gesamten zweiten Jahrhunderthälfte behauptete sich Manchester neben London als zweitgrößtes Handels-, Banken- und Verkehrszentrum Großbritanniens. Gegenüber dem Ausbau des ökonomischen Potentials blieb die Schärfung des kulturellen Profils zwar zurück, doch Manchester gewann auf diesem Gebiet an Ansehen. Seit 1840 wird immer wieder betont, daß man die Literatur sehr fördere, und tatsächlich verfügte die Stadt über eine attraktive öffentliche Bibliothek, das Athenäum. Durch die forcierte Ausbildung von Ingenieuren galt die Stadt als Stätte der praktischen Anwendung wissenschaftlicher Kenntnisse. Der Status Manchesters als Kulturstadt festigte sich durch die Art Treasures Exhibition von 1857, zu der 1,3 Millionen Besucher gekommen waren und mit der man auf die Londoner Weltausstellung von 1851 im Kristallpalast reagierte. Das Konzertleben in der zweiten Jahrhunderthälfte war über die Stadtgrenzen hinaus anerkannt, imposante öffentliche Bauten wie die 1 Million Pfund teure Town Hall hoben die Selbstachtung der Bürger ebenso wie die eigene Universität (1903). Im Spätviktorianismus präsentierte sich Manchester mit einer eigenen, durchaus unverwechselbaren und ansehnlichen Architektur. Bürgerlicher Enthusiasmus für Kunst ermöglichte den kulturellen Aufstieg der »Mancunians« – wenn auch im Schatten Londons.

Die klassische Industriestadt?

»Was von London gilt, das gilt auch von Manchester, Birmingham und Leeds, das gilt von allen großen Städten.«[87] Diese These, bei Manchester handele es sich um die klassische Ausprägung der Industriestadt, ist bedenkenswert: Inwiefern zeigen sich an Manchester tatsächlich typische Züge der Industriestadt des 19. Jahrhunderts, und inwieweit findet sich seine polarisierte soziale Struktur in anderen Städten wieder?

Typische Züge wies Manchester hinsichtlich der allgemeinen Entwicklung seiner Stadtlandschaft während der frühen und mittleren viktorianischen Ära auf. Bei dieser Entwicklung kann man »Umwandlungsvorgänge«, also Veränderungen der bestehenden Bausubstanz und ihrer räumlichen Anordnung, von »Zuwachsprozessen« unterscheiden. Charakteristische Umwandlungsvorgänge waren die enorme Verdichtung der Wohngebiete in der Altstadt, die Differenzierung des Formengehalts durch die Transformation des Stadtzentrums zu einem Hauptgeschäftsviertel und die räumlichen Veränderungen durch den Eisenbahnbau. Als Zuwachsprozesse kann man die Anlagerung von Arbeiterquartieren an den Stadtkern und die Entwicklung der Vororte zu einer Stadtrandzone charakterisieren, wie sie in zahlreichen Industriestädten stattfanden. Auffällig ist, wie früh sich in Manchester funktionale Umnutzungen im Stadtgebiet und die mit ihnen in Verbindung stehende Verdrängung von Arbeiterbevölkerungen in nächstgelegene Zonen vollzogen, was bis zur edwardianischen Periode (1901–1910) zur Umwandlung der ältesten Stadtrandzone zu einem Slumgürtel führte.

Wenn das Manchester der Jahrhundertmitte viele Züge einer polarisierten Zwei-Klassen-Gesellschaft aufwies, so war dies einerseits doch nicht so ausgeprägt wie in den kleineren Industrieorten Lancashires, wo die untere Mittelschicht nahezu völlig fehlte. Aufgrund des höheren Anteils der Mittelschichten an der Gesamtbevölkerung wurden hier nur 64 % als ungelernte Arbeiter (»operatives«) bezeichnet, verglichen mit Salford (74 %) und den fast 95 % in Dukinfield. Andererseits hatten Industriestädte wie Birmingham eine differenziertere Sozialstruktur mit einem höheren Anteil an Facharbeitern. Nach heutigem Forschungsstand war in Birmingham auch das Niveau der Wohnraumversorgung, der Straßenreinigung und der Kanalisierung deutlich besser als in den meisten anderen Industriestädten und speziell im Vergleich zu Manchester, was teils auf die bessere Lage der Kommunalfinanzen, teils auf die topographische Lage der Stadt zurückging. Ein weitaus größerer Anteil der Arbeiterbevölkerung bestand in Birmingham aus gelernten Arbeitern und unabhängigen Handwerkern, die sich bessere Wohnungen leisten konnten. Auch das soziale und politische Klima der beiden Städte unterschied sich: In Birmingham waren die Interessen von Lohnarbeitern und Arbeitgebern durch die kleinteilige Industriestruktur viel stärker als in Manchester miteinander verbunden, etwa wenn es galt, gemeinsam Absatzkrisen zu überdauern. Die qualifizierte Arbeit in den Maschinenfabriken Birminghams ließ sich viel weniger als in der Textilindustrie Lancashires durch Maschinen ersetzen. Dadurch lastete auf den Beschäftigten ein geringerer Rationalisierungs- und Lohndruck. Bezeichnend für die unterschiedliche Situation in beiden Städten war, daß sich hier trotz einer ebenso ausgeprägten radikalen politischen Tradition weniger Gewerkschaften (»trade unions«) als »friendly societies«, Genossenschaften und Versicherungen für Arbeiter und den kleinen Mittelstand, entwickelten. In den fünfziger Jahren schrieb Richard Cobden, der gesellschaftliche Zustand sei in Birmingham im Vergleich »gesünder und natürlicher in moralischer und politischer Hinsicht. Die gesellschaftlichen Klassen begegnen sich hier viel unbefangener als in Lancashire, wo eine große und unüberschreitbare Kluft den Arbeiter vom Arbeitgeber trennt.«[88]

Für Liverpool und Leeds wies Richard Dennis[89] nach, daß in diesen beiden Städten die soziale Segregation vergleichsweise nicht so ausgeprägt war, denn um die Jahrhundertmitte existierten hier in den jeweiligen Kerngebieten noch ansehnliche und sozial durchmischte Wohnbevölkerungen. Auch wohnten in den beiden Städten gehobene Mittelschichten nicht nur am Stadtrand, sondern im gesamten Stadtgebiet – allerdings zeichnete sich die Tendenz zur Verdrängung der Arbeiter aus ihren bisherigen Wohnquartieren ebenso ab.

Will man das Ausmaß der räumlichen Separierung sozialer Schichten exakt messen, stößt man auf kaum überwindbare methodische Probleme. Zu ihnen gehört, daß man dieselbe Situation auf der Ebene einzelner Wohngebäude oder Straßen als Segregation, auf der Ebene von Stadtteilen oder Bezirken aber als gemischte Wohnweise betrachten kann. Die Existenz gemischter Wohnviertel wurde in historischen Stadtbeschreibungen vielfach unterschätzt, weil sie dem Bild, das sich Sozialkritiker einmal von der Stadt gemacht hatten, nicht entsprachen. Dazu gehört die Tatsache, daß in Manchester neben den eindeutig irisch dominierten Ghettos – so der New Town mit einem Anteil von 62 % Iren – ethnisch gemischte Viertel existierten. Alles deutet darauf hin, daß in Manchester die soziale und räumliche Trennung der Klassen ausgeprägter war als in den anderen großen Industriestädten wie Birmingham und hier Entwicklungstrends früher als anderswo sichtbar wurden. Damit war Manchester wohl die beeindruckendste Ausprägung der frühen Industriemetropole.

St. Petersburg –
Fenster nach Europa

St. Petersburg, Hauptstadt des russischen Reiches seit 1712, entstand aus dem Nichts – den Sümpfen abgetrotzt, an der Peripherie des Landes, wo sich der Seeweg zum westlichen Europa eröffnete. Nach dem berühmten Satz Frederik Calverts, der von Friedrich II. und dem Grafen Algarotti überliefert wurde, sollte es das »große Fenster« sein, durch das Rußland nach Europa blicken und dadurch von ihm lernen könne – ein Bild, das später bei Puschkin in seinem Gedicht »Der bronzene Reiter« die Qualität eines Stadtmythos gewann.[90] Rational konstruiert, sollte dieser Vorposten der Europäisierung Rußlands die ästhetischen, sozialen, geistigen und wirtschaftlichen Energien des aufgeklärt-absolutistischen Modernisierungsregimes bündeln, um sie innenpolitisch zur Geltung zu bringen.

In der bald glanzvollen Stadtkultur trat, anders als in der alten Hauptstadt Moskau, das nationale Element hinter den kosmopolitischen Einflüssen zurück. Seit dem Jahrhundert der Aufklärung stellte St. Petersburg die hervorragende Kulturstadt der Reichen dar, zur Geltung gebracht in der Eleganz ihrer Uferfronten und der Würde ihrer Paläste sowie durch die großzügige Gesamtanlage. Wie diejenigen hierher kamen, die Oper, Ballett und Theater von Weltrang suchten, so strahlte von St. Petersburg ein Glanz von Bildung auf die nähere und fernere Umgebung. Zu Beginn des 20. Jahrhunderts wurde beinahe ein Viertel aller in Rußland gedruckten Bücher in Petersburg publiziert. Es war der Sitz der wichtigsten Nachrichtenagentur und das Zentrum der russischen Zeitungsproduktion: 1890 erschienen hier 18 Titel, 1913 schon 31, die es zusammengenommen auf eine jährliche Straßenverkaufsauflage von 72 Millionen Exemplaren brachten.[91] Welche innovative Kraft von der Presse der Hauptstadt ausging, zeigt sich daran, daß hier die Reč' erschien, das Organ der Konstitutionellen Demokraten (»Kadetten«), wie auch 1910 bis 1912 die erste bolschewistische

Zeitung Rußlands, die »Zvezda«. Um ein ganz neuartiges Phänomen handelte es sich bei der Boulevardpresse, die durchaus nicht nur entpolitisierende Wirkungen hatte. So berichtete die Gazeta-Kopejka über Messerstechereien am Baltischen Bahnhof, gab aber auch Hinweise, wo die Behörden versagt hatten, oder demonstrierte durch Beispiele, wie ein zugewanderter Einwohner sich wahrhaft zivilisiert zu verhalten hätte: Sie vermittelte der Bevölkerung urbane Verhaltensstandards.[92]

Am Ende des 19. Jahrhunderts hatte die Metropole Funktionen in einer Dimension angenommen, die den Rahmen einer reinen Militär-, Kultur- und Verwaltungsstadt schon längst sprengten. Wenn St. Petersburg 1901 im »Äußeren durchaus den Eindruck einer modernen Großstadt« machte, wie Karl Baedeker konstatierte,[93] so war dies die Folge komplexer und trotz aller anfänglichen Anstrengungen unplanbarer Prozesse. Nur wenn man den Gesamtzusammenhang von Industrialisierung und Urbanisierung berücksichtigt, kann man erklären, wie St. Petersburg zur großen Presse-, Handels- und Industriemetropole Rußlands aufstieg, zum Eisenbahnknotenpunkt und führenden Hafen des Landes.

Zur Stadtentwicklung

In den Gründungsjahren nach 1703 existierte noch keine Gesamtvorstellung von der künftigen Entwicklung Petersburgs. Die Stadt entstand zunächst auf den Inseln um die Peter-Pauls-Festung herum. Nicht dem unter Peter d. Gr. entworfenen Stadtplan, den er 1716 von Leblond »vervollkommnen« ließ, sondern topographischen und ökonomischen Notwendigkeiten folgend, hatte sich um 1730 an der Ostspitze der Vasil'evskij-Insel ein Hafen- und Geschäftsviertel entwickelt und damit der Schwerpunkt der baulichen Entwicklung zur Landseite hin verlagert.

Schon Peter I. zwang den Adel und die höheren Beamten, ihre privaten Wohnbauten, gestuft nach persönlichem Status, den Gestaltungsprinzipien eines möglichst einheitlichen, auf Harmonie bedachten und stilistisch am sogenannten holländischen Barock orientierten Gesamtkonzepts unterzuordnen. Seit den dreißiger Jahren des 18. Jahrhunderts kann man von einer Entwicklung sprechen, bei der auf Großzügigkeit und Einheitlichkeit der gesamten Stadtanlage, die Setzung markanter Akzente und die Anlage von Repräsentationsbauten entlang den Wasserfronten besonderer Wert gelegt wurde. Mit dem Entwurf eines neuen Plans begann die Entwicklung der Admiralitätsseite, wo man sowohl gewerbliche Betriebe, wie die bereits bestehenden Werften, als auch den Bau von Holzhäusern untersagte. Die neue Residenz erhielt mit drei von der Admiralität ausstrahlenden Radialen (die zentrale Magistrale in west-östlicher Richtung, der Nevskij-Prospekt, der heutige Ulica Dzeržinskogo [Gorochovaja Ulica] und der Majorova-Prospekt [Voznesenskij-Prospekt]) die Gliederungselemente, die den sich südlich des Neva-Ufers entwickelnden Stadtkern strukturierten.[94]

Unter Katharina II. stellte sich die Stadt mit der den Admiralitätsbezirk beherrschenden Baumasse des Winterpalastes und einer Fülle von Verwaltungsgebäuden weniger als Hafen und Festung denn als Regierungssitz und Residenz dar. In der ersten Hälfte des 19. Jahrhunderts wurde das radiale Grundschema durch eine flächenhafte Bebauung vervollständigt, deren Straßenzüge einem regelmäßigen Rechtecksystem folgten. Die Errichtung von riesigen, um Plätze angeordneten Baukomplexen und von breiten Prospekten, Standbildern und stattlichen Kathedralen demonstrierte, daß die Stadtentwicklung – wenigstens im Inneren der Kapitale – nach einem einheitlichen Plan vollzogen wurde: »Die eilenden Prospekte und die eilenden Schatten, die sie schneiden, scheinen unendlich. Petersburg als Ganzes ist die Unendlichkeit des Prospekts, in die Potenz n erhoben« (Andrej Belyj).[95] Von den unerhörten Abmessungen der baulichen Objekte und dem gesamten Zuschnitt der Stadt zeigten sich die Reisenden um die Jahrhundertmitte tief beeindruckt. Manche freilich kritisierten, daß beim räumlichen Ausgreifen gerade nicht die Proportionen gewahrt worden seien. Petersburg sei eine malerische Stadt, so der deutsche Geograph J. G. Kohl im Jahre 1841, alles sei luftig und licht, doch die Plätze seien so groß, daß die Häuser ihrer nicht leicht Herr würden.

Trotz der Uniformität und Homogenität des Stadtbildes gelang es aber nicht, den angestrebten Aufbau in Stein- und Ziegelkonstruktionen auch nur annähernd zu erreichen; vielmehr bestand die Masse der Wohngebäude aus niedrigen Holzbauten. Kohl rühmte die günstigen Auswirkungen sowohl der weiträumigen Stadtanlage wie der Holzbauweise auf die Wohn- und Lebensverhältnisse der gesamten Bevölkerung: Gegenüber den überfüllten Quartieren in den Metropolen des westlichen Europas nehme hier »jedes Haus mit seinen Höfen ein Stück Boden ein, das hinreichend groß ist, um sich vollkommen bequem auszubreiten [...] Winkel- und Sackgässchen sind hier durchaus unbekannt«.[96] Daß es keine in Dachwohnungen hausende Armenbevölkerung gebe, wie Kohl allzu optimistisch annahm, führte er auf die vorherrschenden ein- bis zweistöckigen Holzhäuser zurück. Kohls Beobachtungen zeigen, daß in der Stadtlandschaft noch andere Elemente als die Wahrzeichen eines imperialen Planungswillens wahrgenommen werden konnten: die Masse an Flachbauten, die auch in den inneren Stadtbezirken anzutreffen waren, und daneben die gewaltigen mehrstöckigen Mietshäuser, deren Anzahl sich aber in den 1840er Jahren zu vermehren begann.

Schon Peter I. siedelte in St. Petersburg staatliche Waffenmanufakturen und Produktionsbetriebe für Munition, Baumaterialien und die Fabrikation von Luxusgütern und Papier an. Um 1850 war St. Petersburg zwar immer noch eher eine Verwaltungs- und Handels- als eine industrielle Metropole, auch lag der Anteil der in der Industrie beschäftigten Bevölkerung an der gesamten Einwohnerschaft unter der von Berlin und London,[97] aber die Frühindustrialisierung hatte schon ihre Spuren im Stadtbild hinterlassen. Immer stärker traten darin Handels-, Verkehrs- und Industriebauten hervor. 1851 erfolgte die Fertigstellung der Bahnhofsgebäude der Nikolaus-Bahnlinie, die nach Moskau führte. Bis 1900 entstanden sechs weitere Bahnhöfe. Die dynamischen Potenzen industriellen Wachstums unterminierten das Konzept, das der Stadtplanung seit Peter I. zugrunde lag. Die über die Fontanka hinauswachsende Stadt zeigte sich zunehmend als Ansammlung von Manufakturen, Fabriken, ungenutzten Randgebieten und Mietskasernen. Das imperiale Stadtraster wurde immer häufiger durch hastig errichtete Geschäfts- und Wohnhauskomplexe durchbrochen. Fabriken,

5 Neva und Nikolauskai (St. Petersburg) 1910/12
Mit Blick zur Isaakskathedrale, die auf 24 000 in den Boden gerammten Baumstämmen gegründet wurde, zeigt sich hier die Neva als bedeutender Wasserweg. Er führt die Handelsgüter mitten ins Zentrum der Stadt. Moderne Löscheinrichtungen, der Bau fester Brücken und die Öffnung des Seekanals haben den Waren- und Materialfluß vervielfacht.

Werkstätten, Märkte und Verkaufsstände drangen im Stadtinnern vor. Am Ende des Jahrhunderts konnte man kaum eine Stelle finden, an der das Panorama nicht durch Fabrikschornsteine beeinträchtigt wurde.

Auf die Folgen des unkontrollierten urbanen und industriewirtschaftlichen Wachstums reagierten staatliche Bürokratie und städtische Verwaltung zumeist nicht: Die »ineffektive Bürokratie und die fast restlose Konzentration der Macht bei einigen wenigen Personen, die wahrscheinlich gar kein Interesse an den Verhältnissen außerhalb des repräsentativen Zentrums der Stadt hegten, [...] führten dazu, daß die Kräfte der freien Marktwirtschaft und Spekulationen einen viel größeren Spielraum erhielten als anderswo«.[98] Seit den vierziger Jahren verlor die städtische Selbstverwaltung, die Stadtduma, die Kontrolle über den Bodenmarkt. Wirksame Verordnungen über Nachverdichtung und Mietshausbau existierten nicht, und die Möglichkeit zu einer planvollen Stadterweiterung wurde durch die bewußt verlangsamte administrative Integration neuer Stadtgebiete, wie Ochta und große Teile Vyborgs, vertan. Mit der Industrialisierung wurde außerdem die Überbauung der Stadt ungleicher. 1860 gab es in der Innenstadt noch viele einstöckige Holzhäuser, 1869 existierten in der Stadt 10 000 Holzgebäude, nur 1300 waren in Ziegel oder Werkstein errichtet, und nur 400 Gebäude hatten mehr als vier Stockwerke. 1881 war immer noch die Hälfte aller Wohngebäude aus Holz. Es handelte sich dabei zu zwei Dritteln um einstöckige Blockhausbauten in den südlichen, südwest- und nordöstlichen Erweiterungsgebieten, die sich entlang ungepflasterter Straßen wie Pilze ausbreiteten und vielfach Bränden zum Opfer fielen. In anderen Stadtgebieten wie Kolomna hingegen fanden sich große Mietshäuser. Die Petersburger Seite wurde lange nur partiell bebaut, hier und da gab es einzelne Gärten. Zwischen dichtbesiedelten Stadtteilen traf man bis zum Ende des Jahrhunderts noch auf unbebaute Grundstücke und ungenutzten Gemeindegrundbesitz.

Während sich die Stadtarchitektur in der zweiten Jahrhunderthälfte durch die Vergrößerung der Theater, die Vermehrung von Krankenhäusern und anderen öffentlichen Gebäuden anreicherte, verlor die strenge klassizistische Formengebung an Verbindlichkeit.

Der Eklektizismus der 1850er bis 1890er Jahre drang allenthalben vor. Sicherlich war zu Anfang des 20. Jahrhunderts in St. Petersburg noch viel von der Gestaltungsqualität des Klassizismus zu bemerken, doch inmitten von Geschäftigkeit und Hektik machten sich die Reklametafeln an vierstöckigen Läden und Bankgebäuden breit.

Stadt der Bauern?

Bevölkerung, Immigration und soziale Struktur

Schon die Bevölkerung des vor- und frühindustriellen St. Petersburg wuchs durch die Verstärkung der administrativen und kommerziellen Funktionen mit bemerkenswerter Dynamik. Durch den Einbruch der Fabrikindustrialisierung und aufgrund der wachsenden Mobilität in der russischen Gesamtbevölkerung als Folge der Bauernbefreiung 1861 nahm der Bevölkerungszuwachs ein phasenweise explosionsartiges Ausmaß an. Während die Stadt 1800–1850 jährlich um 4000 Personen von einer Viertelmillion auf eine knappe halbe Million Einwohner wuchs, verdoppelte sich der jährliche Zuwachs in den beiden folgenden Jahrzehnten. Ein besonders rasches Wachstum verzeichnete die Stadt während des industriellen Booms der siebziger und neunziger Jahre und nach 1908; der Zuwanderungsgewinn des Jahres 1913 bezifferte sich auf 107 000 Personen,[99] St. Petersburg war zur Zwei-Millionen-Einwohner-Metropole geworden (vgl. Tabelle 4).

Daß die Einwohnerzahl der Stadt stieg, beruhte bis zu den achtziger Jahren ausschließlich auf dem Zugewinn bei der Wanderungsbilanz, und auch danach trug der Wanderungsgewinn zu ⅘ zum städtischen Wachstum bei.[100] Der ständige Strom von Zuwanderern, wie er ebenso für andere große Hafenstädte in Europa besonders kennzeichnend war, reichte aus, um die Sterblichkeit mehr als auszugleichen.

Die hohe Mortalität der Stadtbevölkerung übertraf die zeitgenössischer westeuropäischer Städte, sie bewegte sich allerdings

*Tabelle 4: Einwohnerentwicklung in St. Petersburg
und Moskau* [101]

Jahr	St. Petersburg	Agglomeration	Moskau (Aggl.)
1811	335616	348480	216110
1825	438112	492570	281043
1840	470202	566853	410934
1856	490808	577961	450646
1870	667207	776616	583273
1885	861303	986418	895340
1897	1264920	1433994	1159528
1910	1566000	1769707	1645320
		(1905589) [102]	
1917		(2420000) [103]	

im Rahmen der russischen Durchschnittswerte. Im innerrussischen Vergleich ist weniger die erhöhte Sterblichkeit in St. Petersburg als die vergleichsweise sehr niedrige Geburtenrate auffällig. Sie beruhte zum einen darauf, daß verheiratete Männer ihre Familien auf dem Land zurückgelassen hatten, zum anderen auf dem hohen Anteil von weiblichen Ledigen an der Gesamtbevölkerung. Die meisten kehrten aufs Land zurück oder hofften doch darauf. Noch in den 1920er Jahren wurde ein großer Teil der Zuwanderer in den großen Städten nicht heimisch.[104] Auf die Petersburger Zuwanderer traf somit nicht zu, daß, wie die Urbanisierungsforschung für das 19. Jahrhundert feststellte, »junge Leute, die vom Dorf oder Bauernhof in die Stadt gehen, sofort (nach wenigen Jahren) heiraten«.[105] Als die Geburtenrate durch den Nachzug von Familienangehörigen und den wachsenden Frauenanteil seit den achtziger Jahren stieg, klaffte die Schere zwischen Geburten und Todesfällen nicht mehr so weit auseinander wie vorher. Nach 1905 verstärkte sich diese positive Entwicklung.[106]

Mit der Bauernbefreiung nahm die Zahl der ländlichen Immigranten merklich zu. Da der industrielle Arbeitskräftebedarf sprunghaft anstieg und ein Reservoir an städtischen Unterschichten oder Handwerkern nicht zur Verfügung stand, griffen die Unternehmen, wie in ganz Rußland üblich, auf die Landbevölkerung zurück. Wenn auch nicht alle, die kamen, Bauern waren, so wurden 1914 doch drei Viertel der 2,2 Millionen Einwohner als »Bauern« registriert. Ein solches Ausmaß an ländlicher Zuwanderung lag im Vergleich zu Westeuropa hoch und entsprach in Rußland allenfalls den Verhältnissen in wuchernden Industriestädten wie Lodsch.

Bei den Zuwanderern auf dem freien Arbeitsmarkt handelte es sich typischerweise um jüngere Männer von 20 bis 40 Jahren, die, aus weit entfernten ländlichen Siedlungen kommend, dort wegen der Überbesetzung der Landwirtschaft gleichsam abgedrängt und von den höheren Löhnen der Stadt angelockt wurden. Sie mochten überwiegend Tätigkeiten als Hausdiener oder als Ladenangestellte anstreben, um dann als ungelernte Fabrikarbeiter und Tagelöhner ihr Auskommen zu finden. Die Migranten – häufig aus vergleichsweise kleinen Familien stammend, was auf ihre ungünstige soziale Position in der ländlichen Gesellschaft verweist – verdingten sich außerdem als Maler, Töpfer, Ofenbauer, Küfer, Kutschenbauer, Zimmerer, Bäcker und Metzger, um Steuern und Landpachten in ihren Herkunftsgemeinden bezahlen zu können. Die Frauen dieser sich vielfach nur zeitweise in der Stadt aufhaltenden Zuwanderer betrieben zu Hause die kärgliche Landwirtschaft weiter, und durch die Geldersparnisse aus der Stadt konnte die bisherige Lebensexistenz aufrechterhalten werden. Erst mit der Stolypinschen Agrarreform 1906 fiel die rechtliche Bindung an die Dorfgemeinde. Bis dahin unterlag der zeitweilig in der Stadt lebende »Mužik« nicht nur weiterhin der Steuerpflicht in seiner Dorfgemeinde, sondern behielt auch ein Recht auf Landzuteilung – sofern die Familie in der Gemeinde wohnen blieb. Dieses Recht auszuschlagen, konnten sich aber verarmte Bauernsöhne und -töchter nur schwer entschließen. Die Mobilität der Bauern-Arbeiter war wesentlich ausgeprägter, als sich im statistisch meßbaren Wanderungsgewinn ausdrückt: Unter ihnen waren die saisonale Wanderung und die Rückwanderung verbreitet. Mehr als hunderttausend Bauern verließen noch um die Jahrhundertwende sommers die Stadt, um in ihren Dörfern bei der Ernte zu helfen. Eine fast gleich große Zahl von Bau-, Transport- und Gartenarbeitern strömte in dieser Jahreszeit in die Stadt ein. Nicht wenige der Saisonarbeiter verließen sie im Winter wieder, weil sie zu gering qualifiziert und arbeitslos geblieben waren, andere nahmen Lohnarbeit in Fabriken an und wurden damit zu einem (relativ) dauerhaften Element in der städtischen Bevölkerung. Übervölkerung auf dem Land, verbunden mit Hungersnöten, brachte in den letzten Friedensjahren noch einmal eine gewaltige Masse neuer ländlicher Zuwanderer, die sich auf eine Dauerexistenz als unqualifizierte Arbeiter in dumpfen Hinterhofwerkstätten oder als Fabrikarbeiter in einer ungewohnten, von Technik geprägten Arbeitsumwelt einstellen mußten.

Daß mehr Männer als Frauen in die Stadt kamen, hatte mit den Geschlechterrollen zu tun: Die Frauen sorgten für den Bestand der Subsistenzwirtschaften und für den Erhalt des Anrechts auf den Landanteil. Bei Nahwanderungen war der Anteil der Frauen höher: Dies weist darauf hin, daß in der Nähe der Stadt das traditionelle Heiratsmuster schon durchbrochen war. Die jungen Frauen verdingten sich als Dienstmädchen und als Fabrikarbeiterinnen, in der Hoffnung, solche Tätigkeiten nur zeitweise ausüben zu müssen und sich später zu verheiraten.

Seit dem 18. Jahrhundert, als Peter I. ausländische Handwerker und Angehörige nichtrussischer Völkerschaften anwarb, um seine staatlichen Fabriken auszubauen, hatte die Stadt stets einen ansehnlichen Bevölkerungsanteil nichtrussischer Herkunft. Seitdem hielten sich in der Stadt ausländische Kaufleute, »Intelligenzler«, Facharbeiter und Handwerker aus West- und Zentraleuropa auf, deren Anwesenheit den kosmopolitischen Charakter St. Petersburgs unterstrich. Wenn der ausländische Bevölkerungsanteil im 19. Jahrhundert[107] zwischen 1 % und 3 % betrug, spiegelt dies das Gewicht der Ausländer nicht vollständig wider, denn ein Teil erhielt die russische Staatsbürgerschaft. Nach ethnischen Kriterien stellten die Russen an der Petersburger Stadtbevölkerung des 19. Jahrhunderts durchschnittlich 85 %, wobei ihr Anteil am Ende des 19. Jahrhunderts durch die starke Zuwanderung aus Gouvernements mit ganz überwiegend russischer Bevölkerung auf 89 %

wuchs. So nahm die ethnische Homogenität der Stadt während des 19. Jahrhunderts zu. Dennoch war bis zum frühen 20. Jahrhundert die Rolle der Ausländer für den internationalen Handel, die Finanzwirtschaft und die städtische Wirtschaft unersetzbar, und ihr Gewicht in den freien Berufen (Lehrer, Ärzte, Sprachlehrer, Rechtsanwälte), in denen man vor allem Deutsche fand, war ebenfalls beträchtlich.

Eine besondere Einwohnergruppe stellten die Finnen dar, die nicht als Ausländer registriert wurden, da Finnland Teil der russischen Monarchie mit Sonderstatus war. Sie wanderten trotz der bestehenden Sprachbarriere aus den benachbarten Gouvernements ein, zu denen wirtschaftliche Kontakte bestanden. Die Finnen arbeiteten als »Dienstleute«, als Kaminkehrer, als Uhrmacher und Goldschmiede (1743 ca. 1600 entsprechend 3,2 % der Gesamtbevölkerung; 1881 24374 entsprechend 2,6 %): Im Unterschied zur Masse der eingewanderten russischen Bauern (vor der Bauernbefreiung) handelte es sich um eine relativ stabile Gruppe, die handwerkliche Qualifikationen erworben hatte und dauernd benötigt wurde. Als sich nach der Bauernbefreiung der Bildungsgrad und die handwerkliche Geschicklichkeit der zuwandernden russischen Bauern verbesserten, boten sich den Finnen nicht mehr die Chancen, wie sie frühere Generationen gehabt hatten, und da sich in Finnland selbst die Möglichkeit eröffnete, in die ländliche Sägewerksindustrie bzw. nach Helsinki abzuwandern, ging ihr Bevölkerungsanteil deutlich zurück.

Zu den Eigenarten der russischen Gesellschaftsgeschichte gehört, daß sich die Gliederung in gesetzlich definierte Geburts-, Dienst- und Einkommensstände bis 1917 erhielt, »die den einzelnen Gruppen bestimmte Rechte und vor allem Pflichten zuwies«, sie – allerdings nur bis 1864 – »an eine bestimmte, primär fiskalisch definierte städtische oder ländliche Gemeinschaft band«,[108] und, was die Bauern und Juden betrifft, bis zur Revolution die regionale wie die soziale Mobilität einengte. Primär die Standeszugehörigkeit, nicht aber Vermögen, Besitz und Qualifikation, bestimmten den rechtlichen und sozialen Status. Die Möglichkeit für den einzelnen, seinen Stand (soslovie) zu wechseln, war begrenzt. Allerdings gelang es in den nördlichen Industriegebieten, besonders in

Petersburg selbst (bis 1861) vereinzelt leibeigenen Bauern, sozial aufzusteigen. Entscheidender noch ist die Frage nach der Transformation des Systems gesellschaftlicher Ungleichheit insgesamt. Trotz seines statischen Charakters wurde es durch die mobilisierenden Kräfte der Industrialisierung in Richtung einer Differenzierung nach sozioökonomischen Kriterien verändert.

Tabelle 5: Gesellschaftliche Stände in St. Petersburg (in %) [109]

	1821	1869	1910
Adel	6,5	14,2	7,2
Geistlicher Stand	0,5	0,9	0,5
Kaufleute/Ehrenbürger	2,4	4,3	4,8
Meščane/Cechovye (einfache Stadtbürger/Handwerker)	7,4	21,1	15,5
Soldaten	15,8	18,4	–
Raznočincy (Angestellte, Freiberufler)	14,0	2,7	–
Bauern	47,2	31,0	68,8
[Ausländer]	3,2	3,2	1,2
[Finnen/Schweden]	–	2,6	0,9
Andere	–	1,6	1,1

In St. Petersburg trafen, und dies stellt eine spezifische »urbane« Erfahrung dar, die Angehörigen heterogener Stände, ständeübergreifender Schichten und diverser Ethnien aufeinander (vgl. Tabelle 5). Trotz der weiterhin hohen Zahl von Adligen – 137825 Personen gehörten diesem Stand im Jahre 1910 an – ging der quantitative Anteil des Adels in der Stadtbevölkerung während der zweiten Hälfte des 19. Jahrhunderts wieder auf den Stand um 1800 zurück. Neben einer zahlenmäßig sehr begrenzten Gruppe von »Ehrenbürgern« stellten die in Gilden zusammengefaßten Kaufleute einen eigenen Stand dar, der sich durch Besitz konstituierte und vielfältige Verbindungen zu den etwas bessergestellten Elemen-

ten der »Meščane«, den einfachen Stadtbürgern oder »Kleinbürgern« aufwies, mit denen die kleinen Kaufleute zu einer breiten unteren Mittelschicht verschmolzen. Den niederen Geburtsstand der
Meščane, die ähnlich den Handwerkern (Cechovye) von einer Vielzahl von Lasten und Pflichten gedrückt waren, kann man nur be-
dingt als »bürgerliche« Schicht im westlichen Sinn auffassen. Der
Stand war heterogen zusammengesetzt und ergänzte sich laufend
durch Aufsteiger aus dem Bauernstand. In der Gruppe der Kleinbürger war, wie eine offiziöse Untersuchung in den 1860er Jahren
feststellte, »kaum ein Keim« für die Entstehung eines »wirklichen
städtischen Standes« zu erkennen.[110] 15,5 % der Bevölkerung
(1910) umfassend, gehörten zu ihnen reüssierende Kleinunternehmer, Handeltreibende und Handwerker; ein noch größerer Teil
verdingte sich aber als Lohnarbeiter.[111] Zu der in der Bevölke-
rungsstatistik allmählich verschwindenden und amorphen Katego-
rie der »Raznočincy« gehörten Angestellte, Intellektuelle, Lehrer,
Journalisten und Künstler, die hier bei den späteren Zählungen
der Meščane subsumiert werden. Ebenso wurden die Soldaten
(incl. Veteranen und Familienangehörige), die ein Sechstel der
Stadtbevölkerung stellten, seit dem Ende des 19. Jahrhunderts nicht
mehr als eigener Stand betrachtet. Der Stand der Bauern dominierte in der Bevölkerungsstruktur der Metropole – nach west-
lichem Verständnis ein paradoxes Phänomen. 1910 registrierte man
68,8 % Angehörige dieses Standes. Die Bauern gehörten als
Gesinde zu den herrschaftlichen Haushalten und füllten zunehmend die Reihen der Fabrikarbeiterschaft und der ungelernten
Lohnarbeiter auf. Ihr Aufenthalt in der Stadt war bis 1906 rechtlich ungesichert und nur so lange möglich, wie ihre ländlichen Herkunftsgemeinden ihn billigten. Die Bauern bildeten die Masse der
städtischen Bevölkerung, standen aber außerhalb der bürgerlichen
Gesellschaft.

Die Veränderungen im Gefüge der Sozialstruktur, die sich in der
zweiten Jahrhunderthälfte gegen die bestehende Ständeordnung
durchsetzten, zeigen sich an der Entstehung einer neuen Klasse, der
in der Industrie und im Bankwesen engagierten Bourgeoisie. Genauso zeigt sich an der Entstehung einer Angestelltenschicht, dem
Wachsen der heterogenen proletarischen Schichten und mehr noch

ihrem partiellen Wandel zu einer Arbeiterklasse, daß die Ständeordnung immer weniger der sozialen Realität entsprach. 1845 gab es 11 620 und 1862 19 343 Industriearbeiter; dies entsprach 2,4 % bzw. 3,7 % der gesamten Stadtbewohner, wobei man jeweils noch die Familienangehörigen hinzurechnen muß. Ein großer Teil des »Frühproletariats« (Manfred Hildermeier) bestand aus zugewanderten Bauern oder gehörte zum Stand der Meščane. Dazu kamen an die Scholle gebundene »Staatsbauern« und Leibeigene des Adels als Lohnarbeiter. Mit der industriellen Expansion in St. Petersburg existierten 1897 laut Zensus bereits 251 678 Fabrikarbeiter, dazu kamen 190 675 sonstige Lohnarbeiter (d. h. vielfach in Fabriken mit weniger als 50 Arbeitern Beschäftigte); zusammen mit ihren 198 399 Familienangehörigen sind dies 640 752 Personen. Die Petersburger Arbeiterschaft übertraf bereits alle anderen gesellschaftlichen Gruppen, sie war schneller gewachsen als die in Moskau, und nirgendwo in Rußland gab es eine größere Konzentration von Lohnarbeitern als hier.

Von den 1862 knapp 20 000 industriell Beschäftigten entfiel die Hälfte auf die seit den 1830er Jahren bedeutende Textilindustrie, während es die Metallindustrie auf knapp ein Fünftel der industriell Beschäftigten brachte. 1913 entfielen auf die Textilindustrie 43 931 Arbeiter, doch ihr Anteil an der Gesamtheit der Industriebeschäftigten hatte sich verringert; inzwischen dominierte die Metallindustrie den lokalen Arbeitsmarkt. Mit 77 816 Beschäftigten entfielen auf diese Branche 2/5 der gesamten Fabrikarbeiterschaft, darunter fanden sich ausländische Fachkräfte. 18 % der russischen Produktion entfiel auf die in St. Petersburg ansässigen Betriebe. Die Konzentration von Arbeit, Kapital und Technologie vor dem Ersten Weltkrieg zeigt sich auch an der neu entstandenen Elektroindustrie, bei der Siemens und AEG vertreten waren. Die Elektroindustrie St. Petersburgs brachte es auf einen Anteil von zwei Dritteln an der nationalen Produktionsleistung. Die Petersburger Industrie insgesamt hatte 1913 einen Anteil von 9,5 % an der Industrieproduktion Rußlands und nahm damit den Spitzenplatz ein.

Industriemetropole ohne ausgeprägte Segregation?

Der Industrialisierungsprozeß in Petersburg verlief in räumlicher Hinsicht anders als in den meisten anderen Metropolen. Die durch industriewirtschaftliches Wachstum induzierten Verdichtungsprozesse auf dem Bodenmarkt, die sich in steigenden Grundstückspreisen und Gewerbemieten niederschlugen, hatten nämlich keinen massiven Abgang von Betrieben aus der Stadt in entfernte Vororte zur Folge.[112] Zwar können seit den 1830er Jahren Tendenzen zur Ansiedlung größerer Fabrikbetriebe in einem die Stadt umschließenden Industriegürtel beobachtet werden: Textilfabriken entstanden westlich des Zentrums, zur Ostsee hin, sowie am Schlüsselburger Prospekt, wo die Anlandung amerikanischer Rohbaumwolle, britischer Kohle und englischer Maschinen leicht möglich war. Später konzentrierten sich größere Betriebe auf den großen Inseln (Vasil'evskij und Petersburgskij Ostrov) sowie am Obvodnyj-Kanal entlang der Bolšaja Neva, also auf attraktive und ausgedehnte Regionen, die sowohl an den Wasserwegen lagen wie nahe bei den innerstädtischen Siedlungsgebieten. Doch blieb das Ausmaß funktioneller Segregation begrenzt. Gegen Ende des Jahrhunderts waren Industrie und Handwerk über das ganze Stadtgebiet verteilt, was nicht ausschließt, daß in einzelnen Stadtteilen bestimmte Berufsgruppen häufiger als anderswo anzutreffen waren. Ein solcher Typ von beruflicher Segregation kann schon in vorindustriellen Städten bemerkt werden. Bauhandwerker und Maurer siedelten sich häufig im jenseits der Neva gelegenen Groß-Ochta an, Fuhrleute im Stadtteil Aleksandr Nevskij. J. G. Kohl (1841) stellte zu Klein- und Großochta fest, diese Vorstädte seien »Stadtdörfer« mit einer gemischten Bevölkerung von Arbeitern, Handwerkern, Fuhrleuten und Bauern, die »in nichts« den westeuropäischen Armenvierteln glichen.[113] Die relativ homogene Verteilung der Industrie im städtischen Raum mußte in Zusammenhang mit anderen Faktoren – unzureichende Erschließung von Erweiterungsgebieten und mangelhaftes Leistungsniveau des öffentlichen Personennahverkehrs – dazu führen, daß die gewerblich aktive Bevölkerung in hohem Ausmaß über das gesamte Stadtgebiet verteilt war.

Es entstanden keine Schlafstädte und nur begrenzt gesonderte

Fabrikdörfer am Stadtrand; obgleich solche Siedlungen am Schlüsselburger Prospekt durchaus gebaut wurden und in der politischen Geschichte St. Petersburgs nach 1900 eine bedeutende Rolle spielen sollten. Es gab zwar Ansätze zur Selektion nach Rang und Geldbeutel: »Vornehme Familien« (Kohl) wohnten häufig am »östlichen Ende« der Fontanka und am Litejnyj-Prospekt (Gießhausstraße), und Villen der »fashionablesten Leute« fanden sich vielfach an den Flußufern,[114] doch muß man sich solche exklusiven Viertel eher klein und in unmittelbarer Nachbarschaft von Fabriken und ärmeren Quartieren denken. Angehörige der höheren Stände waren nirgendwo davor gefeit, einen Handwerker oder Fabrikarbeiter zum Nachbarn zu haben, was besonders bemerkenswert erscheint, weil in der russischen Gesellschaft Statusunterschiede in starkem Maße formalisiert und kultiviert wurden.

Aufgrund des Besuches eines jener großen Mietshäuser, »deren Bevölkerung für eine ganze Kreisstadt langen würde« (Gontscharow), schilderte Kohl, wie Angehörige verschiedener gesellschaftlicher, beruflicher und ethnischer Gruppen in enger Nachbarschaft zusammenwohnten: Die eine Seite der Straßenfront dieses innerstädtischen Gebäudes bilde ein Basar, die andere »eine Reihe deutscher, englischer und französischer Künstler und Handwerker, (die dort) ihre Schilder aushängen hatten. In der Bel-Etage wohnten zwei Senatoren und die Familien mehrerer reicher Particuliers. In dem zweiten Stockwerke befand sich eine im ganzen Hause sehr berühmte pädagogische Anstalt und eine ziemliche Anzahl von Akademikern, Lehrern und Professoren, und in verschiedenen Hintergebäuden hausten außer [...] obscurem Gevölk mehrere Majore, Obersten, einige abgedankte Generäle, ein armenischer Priester und ein deutscher Prediger.«[115] Die ganze Beschreibung ähnelt der Dostojewskis in »Schuld und Sühne« (1866), als sich der Protagonist Raskolnikow in ein großes Mietshaus in der Nähe des Heumarktes einschleicht: »Dieses Haus war in lauter kleine Wohnungen aufgeteilt und wurde von allerhand Gewerbetreibenden bewohnt – von Schneidern, Schlossern, Köchinnen, von verschiedenen Deutschen, von Mädchen, die auf die Straße gingen, von kleinem Beamtenvolk und ähnlichen Leuten.«[116] Soziale Distinktion wurde in Petersburg nicht so sehr durch das

Bewohnen bestimmter Stadtteile und schon gar nicht von modischen Vororten, sondern durch eine Wohnung in der Beletage verdeutlicht. Insofern fand soziale Differenzierung eher auf horizontaler als auf vertikaler Ebene statt. In den feuchten Kellerwohnungen, die man auch in »besseren« Straßen finden konnte, wohnten begreiflicherweise kaum Angehörige exklusiver Stände und Klassen.

Auch ethnische Verdichtungen, sogenannte ethnische »Cluster« oder Nachbarschaften, in denen eindeutig eine Volksgruppe dominierte, wie sie z. B. in amerikanischen und englischen Metropolen anzutreffen waren, gab es kaum. Allerdings wurden einzelne Stadtteile von bestimmten Volksgruppen bevorzugt: Deutsche – wie viele andere Ausländer – wohnten nicht selten auf der Vasil'evskij-Insel, wo man in Schenken und Straßen häufig Deutsch hören konnte. Am stärksten zur Gemeinschaftsbildung neigten die finnischen Immigranten: Sie konzentrierten sich auf der Vyborger Seite, wo die Neuankömmlinge am Finnländischen Bahnhof vielfach in Wohngemeinschaft mit Freunden und Verwandten oder in eigens für diesen Zweck geschaffenen Herbergen hausten.

Es gab auch, wie in anderen Metropolen, ein ausgeprägtes Gefälle im Prestigewert einzelner Stadtgebiete. Ein Beispiel ist die erwähnte Vyborger Seite der Jahrhundertmitte, die damals noch als urbane Wildnis galt. Bei Gontscharow[117] findet sich dazu der Dialog zwischen Oblomow und seinem Freund Tarant'ev: »›Warte, unterbrich mich nicht!‹ schrie Tarant'ev. ›Zieh morgen zu meiner Gevatterin auf der Vyborger Seite.‹ – ›Was sind das für Neuigkeiten? Auf die Vyborger Seite! Dort sollen ja, sagt man, im Winter die Wölfe herumlaufen.‹« Differenzen der symbolischen Wertigkeit einzelner Stadtgebiete zeigen sich besonders am Beispiel des Nevskij-Prospektes (siehe Abbildung 6), der schon in der berühmten Erzählung von Gogol als das Schönste an Sankt Petersburg erschien. Gogol zeigte, daß die besondere symbolische Aufladung des Nevskij-Prospektes mit dessen Funktionen für die höheren Gesellschaftskreise zusammenhing. Er war gleichzeitig das Kommunikationszentrum der Stadt und deren zentrale Promenade, wo einem Damen in »zartblauen Atlasumhängen« und mit »einem einzigartigen Lächeln« begegneten und wo sich in der Nacht die physische Substanz der Stadt gleichsam

6 Nevskij-Prospekt (St. Petersburg) 1900
Der Nevskij-Prospekt, die viereinhalb Kilometer lange Lebensader und Einkaufsstraße
der Stadt, der Treffpunkt der höheren Kreise, in Richtung des Snamenskaja-Platzes.
Marktstände vor dem Gostiny Dwor, einem alten Handelshaus, locken eine beträchtliche Masse von Menschen an.

in einzelne Sinnestäuschungen aufzulösen schien: Ein Ort gesteigerter Wahrnehmung, der seine besondere Bedeutung auf der mentalen Landkarte der Stadtbewohner auch dadurch erhielt, daß er als wahres »Fenster« zu den westlichen Innovationen fungierte. Hier wurde die erste elektrische Beleuchtung der Stadt in Betrieb genommen (1879), und entlang des Nevskij-Prospektes führte eine der ersten elektrischen Straßenbahnlinien (1907). Mit seinen luxuriösen Geschäften waren der Prospekt und einige angrenzende Straßen der distinguierte Treffpunkt der »Gesellschaft« Petersburgs – ohne daß aber im Gewimmel von Passanten und Straßenhändlern jene wirklich unter sich gewesen wäre. Der höhere Symbolwert bestimmter Stadtregionen, etwa der zentralen Admiralitätsseite wegen der Nähe des kaiserlichen Palastes, bedeutete im übrigen nicht, daß die höheren Stände unbedingt dort ihre Wohnungen hatten: Vielfach zogen sich, Kohl zufolge, »Vornehme« wegen des »Gewerbelärms« der Handwerker aus den Straßen der Admiralität zurück.

Für Petersburg charakteristisch war demnach, daß in den Quartieren eine starke soziale Durchmischung herrschte. Dies galt für die Mitte des 19. und praktisch unverändert zu Beginn des 20. Jahrhunderts. Vielleicht trug gerade dieses sichtbare räumliche Nebeneinander von scharfen sozialen Unterschieden dazu bei, sie in ein Gegeneinander von Klassen zu verwandeln.

Die urbane Krise:
Epidemien und gefährliches Trinkwasser

Auf die hohe Sterblichkeit der Bevölkerung im industriellen Petersburg wurde schon hingewiesen. Die Mortalitätsrate bewegte sich bis zu den 1870er und frühen 80er Jahren bei Werten von 37/1000 Einwohner, sank dann auf ca. 25/1000 Einwohner zur Jahrhundertwende, um zeitweise, wie in der Choleraepidemie von 1909, als 16 635 Menschen erkrankten, erneut anzusteigen. Das Fallen der Sterblichkeitsziffern setzte vor dem Fallen der Geburtenrate ein, kann also nicht als abhängige Variable betrachtet werden.

Vielmehr müssen neben möglichen Verschiebungen in der Altersstruktur auch Veränderungen im Lebensstandard der Bevölkerung und sozialhygienische Faktoren für die Verringerung der Sterblichkeit verantwortlich sein.

Tabelle 6: Sterblichkeitsraten in europäischen Großstädten[118]
(durchschnittliche Mortalität/1000 Einwohner)

Stadt	Einwohner (in Tsd.)	1895–1904	1905	Differenz
St. Petersburg	1440	25,9	25,3	−0,6
Manchester	1240	22,6	18,0	−4,6
Liverpool	940	23,2	19,6	−3,6
Wien	1670	20,0	19,0	−1,0
Paris	3330	19,2	17,4	−1,8
Berlin	2420	17,8	17,2	−0,6
zum Vergleich:				
Rußland 1897	126000	1901/1905:	31,5	

Die Forschung zu St. Petersburg betonte bislang, daß die exzessive Mortalität als Zeichen einer tiefgehenden Krise urbaner Lebensbedingungen und diese als Ausdruck historischer Verspätung aufgefaßt werden müsse. Dies ist sicherlich richtig, wenn man bedenkt, daß sich in Deutschland die letzte große Choleraepidemie 1892 in Hamburg ereignete. Die Sterblichkeit in mittel- und westeuropäischen Städten lag im 19. Jahrhundert niedriger als in Petersburg, und vor allem ging sie im frühen 20. Jahrhundert deutlicher zurück (siehe Tabelle 6). Andererseits ist im Vergleich zum sonst in Rußland üblichen hohen Mortalitätsniveau die Todesrate in St. Petersburg nicht ungewöhnlich.

Im folgenden soll nun nach den Zusammenhängen von hoher Sterblichkeit und urbanem Milieu gefragt werden. Hinweise dazu ergeben sich zunächst aus einer vergleichenden Analyse wichtiger Todesursachen (vgl. Tabelle 7).

Tabelle 7: Todesursachen in europäischen Großstädten,
1908/1913 [119] *(jährliche Todesfälle/100 000 Einwohner)*

	St. Petersburg	Budapest	Hamburg	Helsinki
Masern	82	24	16	13
Scharlach	40	44	16	26
Keuchhusten	22	6	20	19
Diphtherie	32	19	53	15
Pocken	1	0	0	0
Flecktyphus	2	2	0	0
Cholera	76	0	0	0
Typhus	52	15	5	5
Diarrhöe, Dysenterie	223	137	143	131
Tuberkulose	303	316	148	239
Lungenentzündung	219	134	133	93

Wie sich zeigt, resultierte die hohe Gesamtmortalität in St. Petersburg insbesondere aus der hohen Wahrscheinlichkeit, an Infektionskrankheiten zu erkranken. 1886 bis 1895 waren Infektionskrankheiten für 38 % aller Todesfälle verantwortlich. 1908, als erneut die Cholera ausbrach, lag diese Quote bei 47 %. Insbesondere die hohe Sterblichkeit an Cholera und Typhus sowie an Diarrhöe verweist auf die rückständigen Umweltbedingungen in St. Petersburg. Die Sterblichkeit an Abdominaltyphus lag um 1910 in St. Petersburg ziemlich genau auf dem Niveau englischer Städte der 1870er Jahre. Von Rückständigkeit hinsichtlich der Bekämpfung der Infektionskrankheiten kann man nicht nur im Vergleich zu Westeuropa sprechen, sondern auch hinsichtlich des Charakters von Petersburg als russischer Hauptstadt und Metropole, mit dem man ein anderes zivilisatorisches Anspruchsniveau verbindet, als wenn es sich um eine traditionelle überfüllte Kleinstadt oder eine industrielle Agglomeration handeln würde. Auch Zeitgenossen sahen dies so, wie der

Moskauer Mediziner F. Bljumental', der den alten Topos von Petersburg als Fenster zu Europa bemühte: »Die Cholera in Petersburg [...], das ist die Cholera in der Hauptstadt einer großen Weltmacht, am Fenster Europas. Wenn die Cholera in Petersburg ausbricht, dann schließt [...] ganz Europa seine Türen [...] vor uns.«[120]

Tabelle 8: Säuglingssterblichkeit in europäischen Großstädten[121]
(Todesfälle pro Jahr und 1000 Geborene)

	1880/84	1890/94	1900/04	1911/13	1924/26
England	142	149	143	111	73
London	152	155	144	109	67
Birmingham	163	180	178	138	78
Deutschland	206	204	192	104	102
Berlin	291	243	208	151	90
Frankfurt	178	166	170	110	75
Rußland	266	275	255	240	215
Moskau	351	350	356	298	146
St. Petersburg/Leningrad	303	232	208	230	149

Die im internationalen Vergleich ebenfalls hohe Säuglingssterblichkeitsrate (vgl. Tabelle 8) trug einiges zum allgemeinen hohen Mortalitätsniveau bei. Hinter ihr verbergen sich nicht nur allgemein ungünstige materielle und stadthygienische Bedingungen, sondern auch die im ganzen 19. Jahrhundert übliche Praxis der Kindesaussetzung. In St. Petersburg wurden ausgesetzte Kinder in das staatliche Findelhaus gebracht, was für sie den fast sicheren Tod bedeutete. Man muß aber sehen, daß St. Petersburg immer noch besser abschnitt als Moskau, wo die Verhältnisse katastrophal waren, und daß Rußland insgesamt die höchste Säuglingssterblichkeit in ganz Europa hatte.

Über den Umfang und den Zeitpunkt des Einsetzens gesundheitspolitischer Strategien zur Senkung der Säuglingssterblichkeit in St. Petersburg ist wenig bekannt. Zum Vergleich sei darauf hingewiesen, daß auch in anderen Großstädten, so in Berlin, rapides Bevölkerungswachstum mit einer gesteigerten Säuglingssterblichkeit einherging. Dort wurden erst ab 1906 Werte deutlich unterhalb des Ausgangsniveaus von 1860 erreicht, gezielte kommunalpolitische Maßnahmen auf diesem Gebiet setzten nach 1900 ein. Für die Zeitgenossen war es klar, daß unhygienische Wohnverhältnisse, unzureichende Ersatznahrung und Armut die Hauptursachen für exzessive Sterblichkeit von Säuglingen sein mußten. Seit 1900 wurden in deutschen Großstädten mit unterschiedlichem Erfolg Milchküchen zur Versorgung der ärmeren Bevölkerung mit hygienisch einwandfreier Säuglingsmilch eingerichtet.[122] Insgesamt setzte in Europa ein Rückgang der großstädtischen Säuglingssterblichkeit und die Angleichung an das allgemeine Niveau im jeweiligen nationalen Kontext seit ca. 1890 ein, und diesen Trend kann man auch in Petersburg beobachten.

Sozialräumliche Unterschiede der Sterblichkeit in der Stadtbevölkerung waren – wie in anderen europäischen Städten – eine bekannte Tatsache. In manchen Gegenden starben doppelt so viele Menschen wie in anderen. Dies dürfte auf Unterschiede im hygienischen Niveau, auf Armutsunterschiede in den Bevölkerungen und auf verschiedene Wohndichten zurückzuführen sein. Quantitative Angaben liegen zur Wohndichte einzelner Gebiete vor: In der Kazaner Vorstadt oder dem Stadtteil Spasskij' drängten sich bis zu 70 000 Einwohner je Quadratkilometer zusammen. Nicht wenige Immigrantenfamilien lebten in sogenannten »Ecken«, d. h. unabgeschlossenen Teilwohnungen. 7,2 Personen entfielen durchschnittlich auf jede Wohnung (1910) und 3,4 Personen auf jeden bewohnten Kellerraum (1900).[123] Diese durchschnittliche Belegungsdichte bedeutet, daß sehr große Teile der Bevölkerung in ihren Wohnungen eng gedrängt zusammenwohnten; das Zusammenleben von sechs Personen in einer Wohnung war üblich. Von Überflutung bedrohte Kellerwohnungen gab es im ganzen Stadtgebiet.

Die unmittelbare Ursache für die Bevölkerungsverdichtung in weiten Teilen Petersburgs war, daß immer mehr Arbeitsmigranten in die schon in der vorindustriellen Periode dichter besiedelten Stadtteile einströmten, was die Mieten weiter nach oben trieb. Die Verdichtung nahm in breitem Umfang zu, nur im Bereich des unteren Nevskij-Prospekts entwickelten sich nach 1900 Ansätze einer City mit abnehmender Wohndichte.

Das Problem der hohen Mortalität der Bevölkerung verweist außerdem auf die stadthygienischen Bedingungen in St. Petersburg, vor allem auf die Verunreinigung des Trinkwassers, das den Kanälen und der Neva entnommen wurde, obwohl dorthin die Fäkalien der privaten Haushalte und die Abwässer der Fabriken gelangten. Die gesundheitliche Gefährdung durch das Trinkwasser war bekannt, ohne daß dies größere Teile der Bevölkerung beunruhigt hätte.

In St. Petersburg bewegten sich die Wohn- und Gesundheitsverhältnisse der städtischen Massen also auf einem Niveau, wie es in anderen Teilen Europas einige Jahrzehnte früher üblich gewesen war. Diese zeitliche Verschiebung, die man vom unterschiedlichen Verlauf der Industrialisierung und von den stadtpolitischen Rahmenbedingungen her erklären muß, kennzeichnet Petersburg als Sonderfall. Strenggenommen kann er nur durch umfassende interlokale Vergleiche präzise erklärt werden, welche die Gesundheitsproblematik und ihr mangelhaftes Management umfassend berücksichtigen. Dafür gibt es in der gegenwärtigen Forschungssituation nur begrenzte Möglichkeiten. Bei einem solchen Vergleich wäre jedenfalls einzubeziehen, daß selbst im früh urbanisierten Großbritannien, wo die städtische Gesundheitsreformbewegung bereits in den 1840er Jahren zu ersten praktischen Resultaten gelangte, den Einwohnern erst um 1900 eine zentrale Wasserversorgung und Kanalisation als qualitativ befriedigendes und universelles Gut zur Verfügung stand.

Blockaden und Spielräume der Stadtreform

Insbesondere die schlechte Trinkwasserqualität verweist auf erhebliche Defizite in der städtischen Gesundheitspolitik. Soweit es um die Mitte des 19. Jahrhunderts noch Einschränkungen hinsichtlich

7 *Arbeiterküche (St. Petersburg) 1911(?)*
In einem Keller gelegene Kantine eines Transportunternehmers.
Die Arbeiter verzehren »Kaša«-Brei aus Buchweizen, Kohlsuppe und Fisch.

der Ansiedlung umweltschädlicher Betriebe im Stadtgebiet gab, hatten sie in den Jahrzehnten danach keine Geltung mehr. »Während des 18. Jahrhunderts hatte die Staatsleitung sich in einem Ausmaß für das Stadtmilieu eingesetzt, das seinesgleichen unter den anderen Hauptstädten nicht zu haben scheint, wenn das auch [...] geschah, um [...] einen repräsentativen Rahmen für die Machtausübung des Zaren zu formen. Die Kontrolle über das Milieu tendierte aber schon zu Beginn der vierziger Jahre des 19. Jahrhunderts dazu, schwächer zu werden, um dann ziemlich schnell ganz aufzuhören.«[124] Gegenüber dem Tempo der Industrialisierung und des Bevölkerungswachstums kamen gesundheits- und umweltpolitische Reaktionen zu spät, obwohl einschlägige Handlungsansätze und Technologien zur Verfügung gestanden hätten. Die politische Bedingtheit des Modernitätsrückstands in der städtischen Gesundheits- und Infrastrukturausstattung wird offensichtlich, wenn man bedenkt, welch hoher technischer Stand vergleichsweise in industriellen Großbetrieben erreicht wurde.

Eine Wasserleitung in Teilen der Innenstadt gab es erst nach 1863; 1873 erhielten die Vasil'evskij-Insel, die Petersburger und die Vyborger Seite eine zentrale Wasserversorgung; die Bewohner der Arbeiterviertel am Stadtrand (Staraja Derevna, Novaja Derevna, Klein- und Groß-Ochta) holten noch nach der Jahrhundertwende ihr Wasser aus der Neva oder aus Brunnen. Das »gefilterte« Wasser, das man in einigen Stadtteilen bekam, war gefährlicher als das ungefilterte, was sich in höheren Sterberaten an Typhus und Cholera zeigte. Die Cholera 1908/09 kann man direkt auf die unzureichende Wasserfilterung zurückführen. Davon abgesehen, verbesserte sich die Wasserversorgung seit dem Ende des Jahrhunderts wenigstens in den größeren Wohnungen: 1900 verfügten 90 % der Drei- und Mehrzimmer-Wohnungen über fließendes Wasser und WC, aber nur 44 % der Einzimmerwohnungen, in denen $\frac{1}{3}$ der Bevölkerung wohnte.[125] Wohngebietsnahe Müllplätze, das gefährliche Trinkwasser, der späte Bau einer zentralisierten Wasserversorgung – in Deutschland hatten um 1900 alle deutschen Großstädte eine zentrale Wasserversorgung – und die fehlende Kanalisation, fast gravierender noch, daß bis zum Ersten Weltkrieg keine Umstellung auf Fernwasserversorgung erfolgte (erst auf staatlichen

Druck hin kam diese 1914 zustande) – all dies steht mit der Stadt-politik in engem Zusammenhang.

Die Probleme lassen sich zunächst dadurch erklären, daß – wie in Rußland üblich [126] – die Wasserversorgung lange auf privater Basis erfolgte. Die Folge war, daß die Wassergebühren für normale Lohn-empfänger zu hoch lagen. Da bis 1911 kein Anschlußzwang bestand, verzögerte sich die Versorgung weiter Stadtgebiete. Vor allem: Als die Wassergesellschaften 1891 endlich in städtische Regie übergingen, wurden die erheblichen Überschüsse, die man bei ihrem Betrieb erzielte, nicht zur Verbilligung des Wasserpreises oder, wie in Westeuropa üblich, zur Finanzierung der Kanalisation genutzt, sondern zur Subventionierung des städtischen Haushaltes. Das Fehlen einer geregelten Kanalisation beruhte auf mangelnder In-itiative der Kommunalverwaltung. Sie war überdies nicht bereit, Anleihen für den Kanalisationsbau aufzunehmen, was man in West-europa zur Finanzierung solcher Unternehmungen durchaus prakti-zierte. Da man Abwasserleitungen nicht profitabel betreiben konnte, kam auch die erhoffte Realisierung durch privatwirtschaftliche Initiative nicht zustande. Während 41 Jahren wurden 48 Baupläne erwogen, ohne je realisiert zu werden, und im Gegensatz zu Odessa, wo bereits 1874 eine moderne Kanalisation zustande kam, gab es in St. Petersburg bis 1917 keine Bauarbeiten an der Kanalisation. [127]

Auch die hohe Bevölkerungsdichte innerstädtischer Wohnge-biete läßt sich zu einem gut Teil auf die Stadtpolitik zurückführen. Die mangelnde Erschließung des städtischen Raumes durch öffent-lichen Personennahverkehr und die zu hohen Fahrpreise in den bestehenden privaten Systemen trugen ganz erheblich zur Verdich-tung bei. Erstmals 1864 erhöhte sich die Effizienz des Verkehrssy-stems durch die Einführung eines Pferdebahnnetzes, das von einer privaten Gesellschaft betrieben wurde. Es dauerte weitere zehn Jahre, bis die Stadtduma ihren Widerstand gegen einen Ausbau des Schienennetzes aufgab und zwei weitere Gesellschaften konzessio-nierte – um so die städtischen Einnahmen durch Lizenzgebühren zu erhöhen. Aber die Ärmeren konnten sich die Preise für die Pferde-bahn nicht leisten. Fähren gab es zwar – Omnibusse praktisch nicht –, doch sie hatten nur im Sommer Bedeutung, wenn die Was-serwege schiffbar waren und die Wohlhabenden in ihre Sommerhäuser gelangen wollten. Auch nachdem sich die Stadtduma unter dem Eindruck verbreiteter Kritik am Zustand der Transportsysteme zur Kommunalisierung der Pferdebahn entschlossen hatte, änderte sich erst langsam etwas. Zum einen leisteten die privaten Konzessionäre gegen die Übernahme durch die Stadt Widerstand, so daß sie erst nach 1900 erfolgte, zum anderen war die Verwaltung, ähnlich wie bei der Wasserleitung, an hohen Fahrpreisen interessiert, weil sie nur so die notorisch defizitäre Finanzlage der Stadt ausgleichen zu können glaubte.

Trotz allem ist festzustellen, daß das Pferdebahnsystem 1865 mit 55 Millionen und 1898 mit 85 Millionen beförderten Personen ein beachtliches Niveau erreichte. Wenn in St. Petersburg im Jahre 1900 auf jede Person 88 Fahrten im öffentlichen Nahverkehr entfielen, in Berlin aber 185, dann belegt dies nicht nur den vergleichsweise geringeren Ausbau des Nahverkehrs, sondern auch die Tatsache, daß man nahe am Arbeitsplatz wohnte und weniger als in anderen Industriemetropolen auf das Angebot angewiesen war. Entscheidend ist, daß die Verkehrspolitik nicht zur Erschließung von überbauungsfähigen Flächen genutzt wurde. Um einen Prozeß der Stadterweiterung zu unterstützen, reichte das 1899 bestehende Netz von 114 Kilometern nicht aus. Der Widerstand der Hausbesitzer in der Stadtduma, die vom Ausbau der Straßenbahn fallende Mieteinnahmen befürchteten, wirkte sich negativ aus. Da das Straßenbahnnetz nicht in die Außenbezirke führte, der Verkehrsbetrieb erst um 8 Uhr morgens aufgenommen wurde und ein kompliziertes Tarifsystem bestand, war die Masse der arbeitenden Bevölkerung faktisch dazu gezwungen, in der Nähe ihrer Arbeitsplätze wohnen zu bleiben.

Die Einführung der elektrischen Straßenbahn 1907 geschah – wie in Moskau – ebenfalls ohne Anbindung der Vorstädte, später als in manchen russischen Provinzstädten und zu einer Zeit, als in Berlin oder Hamburg bereits der Bau der U-Bahn zügig vorangetrieben wurde. Andererseits läßt sich wie bei der Wasserversorgung konstatieren, daß man bei der Straßenbahn in den allerletzten Jahren vor dem Ersten Weltkrieg erhebliche Verbesserungen erzielte: 1908 hatte sich gegenüber 1900 mit 162 Millionen Fahrgästen die Beförderungsleistung verdoppelt.[128]

Die Abhängigkeit der Stadtverwaltungen von der staatlichen Bürokratie war in Rußland über das gesamte 19. Jahrhundert hinweg außerordentlich hoch. Nicht nur war der Umfang der Aufgaben, welche die Stadtverwaltungen nicht aus eigener Kompetenz, sondern im Auftrag des Staates durchführten, weitaus größer als in Westeuropa; auch wurde die kommunale Selbstverwaltung durch ein System umfassender staatlicher Kontrolle stärker eingeschränkt. Die Kommunalgesetzgebung von 1870 unterstellte zwar Wasserleitung, Kanalisation, Gesundheitsschutz und Brandbekämpfung der Kompetenz der Stadtverwaltungen. Dadurch entwickelte sich erstmals ein Gesamtzusammenhang von Stadtpolitik. Ansätze einer kommunalen politischen Öffentlichkeit lassen sich ebenfalls seit 1870 feststellen. Der Bau von Infrastruktureinrichtungen unterlag jedoch weiterhin der Kontrolle durch staatliche Behörden, die deshalb für weite Bereiche der sozialen Grundversorgung mitverantwortlich waren. Mit der Gegenreform von 1892 ergab sich dann eine erneute Einschränkung der Selbstverwaltung.[129]

Die Unfähigkeit der meisten Städte, größere Investitionen zu tätigen und sozialpolitische Basisdienste zu finanzieren, hing zugleich mit der Einnahmesituation der Kommunen in Rußland zusammen. Bei der kommunalen Einnahmewirtschaft spielten Einkommens- und Gewerbe- und Verbrauchssteuern, die z. B. das privilegierte Handwerk belastet hätten, eine geringe und Einnahmen aus städtischen Vermögen und Betrieben eine große Rolle. Die Ausgabewirtschaft der Städte war durch die hohen Verwaltungskosten in staatlichem Auftrag außerordentlich belastet, so daß der Spielraum für Investitionen gering war.[130]

Verantwortlich für die städtische Finanzmisere war freilich nicht allein die Finanzgesetzgebung, sondern auch die Selbstbedienungsmentalität der die städtische Duma beherrschenden politischen Klasse.[131] Die Hauptlast der kommunalen Steuern ruhte auf den unteren Schichten der Bevölkerung. Eine Einnahmesteigerung durch Umlagen auf Haus- und Grundbesitz kam nicht zustande, da dies eine Selbstbesteuerung der Eliten bedeutet hätte. So kann man als weiterer Faktor der mangelnden Aktivitäten der Stadtverwaltung die äußerst restriktive Wahlgesetzgebung anführen. Für 1912

lassen sich in Petersburg 31,9 % der Stadtverordneten dem Kauf-
manns- und Ehrenbürgerstand zurechnen, nur 6,3 % dem Adels-
stand, der somit unterrepräsentiert war; 5,6 % der Stadtverordneten übten den Beruf eines Offiziers aus, 16,3 % den eines
Regierungsbeamten, und immerhin 25,5 % waren Vertreter bürgerlicher Berufe. So wie der Kaufmannsstand (darunter meist die
großen Haus- und Grundbesitzer) in der Stadtduma überpropor-
tionalen Einfluß gewann und die staatliche Bürokratie dort direkt
vertreten war, fehlten aufgrund des rigiden Zensuswahlrechts jeg-
liche Repräsentanten der zugewanderten Bauern und Arbeiter,
wenn man nicht reformorientierte Intelligenzangehörige als deren
Stellvertretung nehmen will.

Lange interessierte sich die Stadtduma eher für den Zustand der
Innenstadt als für das gesamte Stadtgebiet und schon gar nicht für
eine aktive Eingemeindungs- und Infrastrukturpolitik, weil sie
darin nur eine Kostenbürde fürchtete.[132] Man sah die Verwaltung
als fiskalische Aufgabe und versuchte, den allgemeinen Haushalt
auf Kosten der sozialen Grundversorgung durch Gewinnabschöp-
fung bei städtischen Betrieben zu subventionieren. Für die in Westeuropa so bezeichnende Koppelung von professioneller Leistungsverwaltung und aktiver kommunaler Sozialpolitik gibt es in Petersburg lange keine Anzeichen. Dies alles hat mit der schon so oft in
der Literatur festgestellten schwächeren Entwicklung bzw. größeren Uneinheitlichkeit des russischen Bürgertums und mit dem
geringeren Engagement für kommunale Belange zu tun.

Nach 1900 gewannen liberale Strömungen in der Petersburger
Bourgeoisie und in der Stadtduma ebenfalls reformorientierte
Kräfte aus den freien Berufen an Boden. Deren Anteil an den Stadtverordneten stieg von 1893 bis 1912 von 11,9 % auf die erwähnten
25,5 %. In der zweiten Hälfte des 19. Jahrhunderts entwickelten sich
in Rußland mit den Zemstva Ansätze einer bürgerlichen Sozial-
reformbewegung, die sich freilich politisch kaum durchsetzte und
anfänglich eher karitativ orientiert war. Doch besonders Mediziner
wußten sehr gut über die Verhältnisse in der Stadt Bescheid. Ihnen
sind engagierte Enqueten zu verdanken. Nach der Revolution von
1905 nahm das Interesse an kommunaler Sozialreform wie das
Mißtrauen in der Arbeiterschaft in die Reformfähigkeit des Regimes

zu. Daß die Stadt St. Petersburg kurz vor Kriegsbeginn eine Anleihe von über 66 Millionen Rubel auflegte, war durch den Zufluß transnationalen Kapitals möglich geworden und ging auf zunehmende soziale Unruhe, auf den steigenden Reformdruck seitens des Staates und wohl auch auf die wachsende Reformbereitschaft in der Stadtduma zurück. Die Einkünfte des Stadthaushaltes stiegen zwischen 1871 und 1913 um ein Vielfaches. Insbesondere erhöhten sich die Ausgaben für sanitäre Infrastruktur und Gesundheitsfürsorge 1883–1908 von jährlich 295 000 auf 4,8 Millionen Rubel – die für städtische Schulen von 409 000 auf 2,6 Millionen Rubel.[133] Ausgehend von einem äußerst geringen Niveau und in Reaktion auf die immens wachsende Bevölkerung, intensivierten sich kommunale Gesundheits- und Sozialpolitik durchaus. Es gab Verbesserungen in der Ausstattung mit Krankenhausbetten und bei der Ärztedichte, wobei sich St. Petersburg gegenüber Moskau hervortat. All dies muß man aber zu dem riesigen Nachholbedarf in Beziehung setzen.

In Moskau lag der Anteil der Kaufleute mit 67,5 % weitaus höher, und es gab dort eine Neigung in der Industriebourgeoisie, eine begrenzte interventionistische Stadtpolitik mit ihrem »Liberalismus« zu verbinden.[134] Dafür waren in Petersburg durch die Abhängigkeit der strukturbestimmenden Schwerindustrie von Staatsaufträgen kaum Grundlagen vorhanden. Ob allerdings die Repräsentation aufgeklärter, an Sozialreform beruflich interessierter Bildungsbürger (Statistiker, Ärzte) und der Intelligenz in der Stadtduma Moskaus wirklich soviel stärker war, ist zu bezweifeln. Jedenfalls gingen die Leistungen bei der Kanalisierung Moskaus nicht auf die Stadtverordneten, sondern auf den energischen Bürgermeister N. Alekseev zurück.[135]

Schauplatz der Revolution

Ein erstes Anzeichen der beginnenden, noch wenig politisierten Arbeiterbewegung in Petersburg war 1870 der Streik in der Nevskij-Textilfabrik.[136] 1884 bemerkte ein Polizeioffizier, daß eine städtische Arbeiterklasse heranwachse, die sich von ihren bäuerlichen Ursprüngen entferne und die für alle Arten falscher Doktrinen anfällig sei. Sankt Petersburg gehörte zu den ersten russischen Städten, in denen Gewerkschaften auf Dauer Fuß fassen und sich Ansätze einer eigenständigen Arbeiterkultur entwickeln konnten. Aufmärsche zum 1. Mai wurden, nur knapp zwei Jahre nach der Festlegung dieses Gedenktages auf dem Pariser Sozialistenkongreß, schon ab 1891 üblich. Phänomene wie mangelnde Arbeitsloyalität, häufiges Wechseln der Arbeitsstelle und starke Distanz zwischen Fabrikarbeitern und Management waren in der Sozialgeschichte der europäischen Industriearbeiter keineswegs ungewöhnlich. Es mußten jedoch weitere Faktoren hinzukommen, um latente Streikbereitschaft in manifesten und fundamentalen Protest zu verwandeln. Wie sich die Fabrikarbeiterschaft seit den achtziger Jahren in eine politisierte und konfliktbereite Arbeiterklasse verwandelte, welche materiellen Lebensverhältnisse und Arbeitskonflikte, welche ideologischen und politischen Faktoren dabei eine Rolle spielten, ist in der Literatur schon häufig beschrieben worden. Hier soll allein die Frage aufgegriffen werden, inwieweit das urbane Milieu die Geschichte der Petersburger Arbeiterbewegung beeinflußte und welche Bezüge sich zwischen der räumlichen Organisation der Stadt und dem revolutionären Geschehen 1905 erkennen lassen.

Stadt und Revolution sind auf verschiedenen Ebenen miteinander in Zusammenhang zu bringen. Der städtische Raum war die Arena für Demonstration und Revolution und der Ort, an dem diese – am eindrücklichsten im Stadtzentrum, auf dem Nevskij-Prospekt als Umschlagplatz für Menschen und Meinungen – inszeniert und symbolisch verdeutlicht werden konnten. Städtische Straßen, Brücken und Bahnhöfe waren »Schnittpunkte von Kommunikation, aber auch von politischer Demonstration«.[137] In der alltäglichen Erfahrung stellte die Stadt einen Raum dar, in dem der Gegensatz von Armut und Reichtum deutlicher als etwa an ländlichen Fabrikorten sichtbar wurde, gerade weil sich hier Arm und Reich häufig begegneten. Kennzeichnend für die Petersburger Situation war, daß den Arbeitern, die zu einem großen Teil alphabetisiert waren, eine breite, liberal orientierte Presse zugänglich war. Ein weiterer spezifisch urbaner Faktor, der die Politisierung der Arbeiterschaft begünstigte, war das Anwachsen der revolutionären Intelligenz, die mit den sich ihrer Klassenlage bewußt werdenden Arbeitern der Vorstädte direkte Kontakte unterhielt. Urbane Bedingungen politischer Sozialisation trugen also zum gewaltsamen Umsturz des Herrschaftssystems bei.

Weitere Überlegungen zum Zusammenhang von städtischem Raum und politischer Bewegung ergeben sich daraus, daß – anders als in den Innenbezirken der Stadt – die äußeren Regionen eine sozial einheitlichere Bewohnerschaft aufwiesen. Von den peripheren Stadtteilen und Vorstädten mit erhöhten Anteilen an Arbeiterbauernbevölkerung gingen mehr Streikbewegungen und Proteste aus als von den anderen Stadtgebieten. Ein Beispiel ist der Stadtteil Schlüsselburg, wo nicht nur viele Fabriken zu finden waren, sondern die Arbeiter auch fast ganz unter sich blieben, da es für sie umständlich und teuer war, ins Stadtzentrum zu fahren. Nachbarn waren vielfach auch Arbeitskollegen. Im Vergleich zur städtischen Lohnarbeiterschaft allgemein handelte es sich in Schlüsselburg häufig um qualifizierte Arbeitskräfte, die typischerweise eher in Groß- als in Kleinbetrieben arbeiteten und bei ihren anonymeren Arbeitsverhältnissen die Kapitalseite als gemeinsamen Gegner identifizieren konnten. Demgegenüber war in den inneren Stadtteilen die Interessenlage der proletarischen Gruppen uneinheitlich. Schließlich war in der Wohnbevölkerung des eigentlichen Stadtgebietes das Hauspersonal des Adels vertreten, eine Gruppe, die in Schlüsselburg ganz fehlte.

Bei der Frage von gemeinsamen Betroffenheiten und dem Aufbau von kommunikativen Netzen spielten, wenn auch in geringerem Grade als z. B. in Moskau, »informelle Landsmannschaften« (zemljačestva) eine Rolle. Diese erleichterten dem Neuankömmling die Anfangsschwierigkeiten, und sie ermöglichten es den Arbeitern, »nicht bei einer individuellen Verweigerungshaltung oder einem kurzfristigen Aufbegehren stehenzubleiben, sondern gemeinschaftlich und bewußt aufzutreten [...] [Es machte] die spezifische Stärke der russischen Arbeiterbewegung zumindest in den beiden Hauptstädten aus, daß sich ländliche und städtische Verhaltens- und Kampfformen verbanden, statt in einen schwer überbrückbaren Gegensatz zu geraten.«[138]

Die Problematik verweist auf eine noch grundsätzlichere Frage: auf den Prozeß der Akkulturation bei bäuerlichen Immigranten. Wie schnell und tiefgreifend muß man ihn sich vorstellen? Wann warfen die Bauern ihr kulturelles Gepäck – ihre ländliche Kleidung, Essens- und Trinkgebräuche, religiöse Wertvorstellungen – ab und stellten sich auf das Leben in der Stadt, auf die urbane Lebensweise ein?

Schon in der frühindustriellen Periode läßt sich beobachten, daß es einigen bäuerlichen Zuwanderern gelang, zu erfolgreichen Kaufleuten aufzusteigen. Die meisten, soweit es sich um kleine Selbständige handelte (Straßenhändler z. B.), behielten ihren Status und den mitgebrachten Lebensstil noch lange bei. Auch die Arbeiterbauern hatten starke Bindungen an die Traditionen des ländlichen Milieus. Sie lebten in der Stadt in einer Art Übergangssituation, nämlich mit der Option, zeitweilig oder im Alter aufs Land zurückzukehren. 1910 beabsichtigten 10 % der bäuerlichen Bevölkerung Petersburgs, im folgenden Jahr ihre Heimatdörfer wieder aufzusuchen. 20 % der als Bauern bezeichneten Arbeiter fuhr 1908/09 noch regelmäßig zur Feldarbeit ins heimatliche Dorf.[139] Andererseits gab es einige Bedingungen, die als sehr günstig für die Annahme urbaner Verhaltensweisen gelten müssen. Bis zu 80 % aller Arbeiter wurden ganzjährig beschäftigt, männlichen Arbeitern wie Arbeiterfrauen boten sich in Petersburg besondere Bildungschancen.[140] Bei genauerer Betrachtung zeigt sich, daß der Bauern»stand« sehr heterogen war: Das Spektrum reichte vom Bettler über den Dienstboten bis zum Fabrikbesitzer, von den gerade erst in der Stadt angelangten »Mužiki« in charakteristischer Kleidung, die auf den Straßen abschätzige Blicke auf sich zogen, bis zum etablierten Facharbeiter. 1900 waren von den St. Petersburger »Bauern« schon 95 000 in der Stadt geboren. Dies ist ein Hinweis darauf, daß die Bindungen zum Land nachließen.[141]

Moderne und Traditionalismus

Zwischen 1900 und 1914 nahm in Rußland die Zahl der Angehörigen der »Intelligenzija« um das Doppelte zu. Die wachsende Zahl
von Ärzten, Lehrern, Ingenieuren, von Künstlern, Gelehrten, Journalisten und Schriftstellern, die keine staatliche Anstellung mehr
hatten, stellt in der Sozialgeschichte Rußlands eine bedeutsame Erscheinung dar. Diese Bildungsschicht mit sehr heterogenen Grundlagen und Qualifikationen besaß im tradierten ständischen System
keinen eindeutigen Platz mehr.[142]

In Teilen der zunehmend desintegrierten Intelligenzija waren die
Jahre nach 1905 eine Zeit des Aufbruchs: offen für Anregungen,
welche die europäische Moderne zu vermitteln hatte. So wurden
kreative Energien in Gang gesetzt, die das kulturelle Leben St. Petersburgs tief veränderten. Lebenserinnerungen – so die von Asja
Lacis, der späteren revolutionären Regisseurin und Schauspiele-
rin – belegen, welch tiefe Kluft zwischen dem zensierten Theater
der alten gesellschaftstragenden Schichten und dem der neuen
Avantgarde bestand:

»Die Theater Petersburgs erstickten in einer Atmosphäre von
Bürokratie und Akademismus. Doch einige Genies waren nicht
umzubringen [...] In den kaiserlichen Theatern war V. Mejerchol'd
als Regisseur tätig. Seine Aufführungen sprengten den Akademismus und verjagten den Geist des Würdenträgertums [...] Mejerchol'd verwandte futuristische Dekorationen, studierte die Oper
Elektra von Richard Strauß ein, der als extremer Modernist galt.
Wieder attackierte man ihn; er war Initiator öffentlicher Diskus-
sionen über das Theater, Kritiker des naturalistischen Theaters [...]
[Majakovskij] kam auch zu uns in das Psychoneurologische Institut
und las seine futuristischen Gedichte. Sie spalteten das Publikum
[...]. In diesen Tagen der politischen Reaktion freuten wir uns über
die Revolte Mejerchol'ds und Majakovskijs gegen den kleinbürger-
lichen Kult der Mittelmäßigkeit, des äußerlichen Anstands und des
Wohlergehens [...].«[143]

Unter den kulturellen Innovationen der vorrevolutionären Periode ist wohl am bemerkenswertesten, daß sich Petersburg zum

bedeutendsten Architekturzentrum in Rußland entwickelte. Dies betraf sowohl Wettbewerbe und Projekte als auch Baupraxis und Lehre.[144] In der Diskussion der einheimischen Architekten zeigt sich eine neue Aufgeschlossenheit gegenüber westlichen Strömungen, die mit den lokalen Traditionen und den Vorstellungen der Auftraggeber verbunden wurden. Einerseits wurde Petersburg zum »Laboratorium der Moderne« (Karl Schlögel), andererseits entstand eine spannungsreiche Situation durch die gleichzeitige Assimilation westlicher Standards und die Betonung nationaler Identität. Die Intention, einen radikalen Bruch im architektonischen Stilempfinden zu vollziehen, überlagerte sich mit der Auflehnung gegen den als Zerstörung wahrgenommenen Eklektizismus des Industriezeitalters. So nahmen nicht nur Ansätze zu einem »Neuen Stil« in der Stadtlandschaft konkrete Gestalt an, sondern auch Rückgriffe auf die traditionalistische und folkloristische Formensprache, vor allem im Kirchenbau.

Die architektonische Moderne, die heute für das Bild der frühen Sowjetrepublik kennzeichnend ist, setzte bereits mit der Generation um 1900 ein. In Petersburg dominierte zunächst ein expressiver, an skandinavischen Vorbildern und an der Sezession geschulter »romantischer« Jugendstil, der sich im Design und Raumprogramm der Villen arrivierter Bürger niederschlug. Nach der Jahrhundertwende vollzog sich in der Architektur-Diskussion eine zweifache Neuerung: die Betonung eines mit rationalistischen Elementen angereicherten Neoklassizismus und das Bemühen, sich in eigenständiger Weise das bauliche Erbe der Stadt als ästhetische, physische und soziale Gesamtheit und nicht mehr allein durch die Bearbeitung von Einzelobjekten anzueignen. Die architektonische Bewegung implizierte demnach ein urbanistisches Programm, das mit der Stadtreform in engem inneren Zusammenhang stand. Bemerkenswert sind vor allem die Initiativen, nach europäischem Vorbild – etwa aufgrund der Anstöße durch Camillo Sitte – eine großflächige und komplexe Stadterneuerung in Gang zu setzen. 1913 erfolgte die Gründung einer Gartenstadtgesellschaft, die durch den Bau von Ein- und Zweifamilienhäusern die Dezentralisierung der Siedlungsstruktur in Angriff nehmen wollte. Obwohl das Gartenstadtkonzept von England ausging, ließ man sich in St. Petersburg weniger vom eng-

lischen Cottage als vom bäuerlichen russischen Holzhaus inspirie-
ren. Zu einer Realisierung der Gartenstadtplanungen kam es,
obwohl einige Kleinsiedlungen entstanden und die Planungen zwischen 1918 und 1920 weitergeführt wurden, allerdings nicht mehr.
Die Planungen für eine Trabantenstadt »Neu-Petersburg« auf der
Insel Golodaj waren hingegen einem urbanistischen Bauprogramm
(mehrstöckige Wohnhäuser, funktionalistisches Konzept) verpflich-
tet. Ein Einzelfall blieb das Projekt eines ästhetisch aufgewerteten
Arbeiterwohnungsbaus, das 1904/08 auf der Vasil'evskij-Insel
durch den Architekten Nikolaj Dmitriev realisiert wurde: Obwohl
die Bedingungen der Finanzierung dieses Projekts günstig waren,
erwiesen sich die Wohnungen als für die Zielgruppe zu teuer.

Trotz Widerstandes aus der Stadtduma arbeiteten Leontij N. Benois, N. Lanceray, M. Peretjakovič und F. E. Enakiev eine Bauleitplanung für St. Petersburg aus. Diese sah vor, die Stadterweiterung
vor allem dem Wohnungsbau nutzbar zu machen. Die Erschließung des Stadtgebietes durch eine (äußerst kostspielige und
technisch schwer zu realisierende) Untergrundbahn war schon
längst überfällig. Die klare Gliederung der Stadt durch Verlegung
von Industriestandorten und die Schaffung neuer Stadtmagistralen
sollte die Umwelt- und Verkehrssituation verbessern. Die Ausweisung von Grünflächen und die Forderung nach durchgängiger
Wasserversorgung und Kanalisierung knüpften an die Bestrebun-
gen zur Stadtreform an. 1916 schließlich beauftragte die Duma
Leontij Benois mit der Ausarbeitung eines Konzepts zur »Planung
und Konstruktion von Petrograd«, dessen Umsetzung jedoch in
den Revolutionswirren unterging.

Neben all diesen Planungen expandierte ein anspruchsvoller
Wohnungsbau für Mittelschichten, der durch wachsende Kapitalak-
kumulation finanziert werden konnte. Apartmenthäuser, die einen
Hof umschlossen, waren bevorzugte Objekte von Fedor J. Lidval',
mit denen dieser die Stadtarchitektur um bislang unbekannte Elemente bereicherte. Einen wichtigen Schritt beim Geschäftshausbau
bedeutete das siebenstöckige Gebäude der russischen Niederlassung
der amerikanischen Nähmaschinenfabrik Singer, das äußerlich zwar
eine eklektische Fassadengestaltung zeigte, aber insgesamt doch ein
großzügiges, an internationale Standards angelehntes Baupro-

8 Händler vor dem Denkmal Peters I. (St. Petersburg) 1895
Tausende von Straßenhändlern, häufig zugewanderte Bauern, bevölkerten die Straßen St. Petersburgs. Auf der Photographie sind zwei Wanderantiquare zu erkennen.

gramm repräsentierte. Ansonsten wurde die Erneuerung der Architektur durch die Abhängigkeit der Architekten von privaten Auftraggebern eher gehemmt als gefördert. Der Mangel an gemeinnützigen Wohnbauunternehmen erwies sich als gravierend.

Geplant als ein Schaltzentrum der politischen Macht, schuf die Transformation St. Petersburgs in eine Industriemetropole die Voraussetzungen dafür, daß sich die Vernichtung der politischen Autokratie in eben der Stadt vollziehen konnte, welche sie ins Leben gerufen hatte. Aber die Geschichte St. Petersburgs kann nicht allein als Vorgeschichte der Revolution verstanden werden. Allzu lange haben sich die Historiker in Ost und West darauf konzentriert, allein die Anzeichen einer tiefen gesellschaftlichen Krise und die Beweise für anhaltende Reformunfähigkeit des autokratischen Systems zu sichten. Die Beschleunigung der gesamten Entwicklung städtischer Kultur und die Tendenzen zu einer Europäisierung zwischen den Revolutionen 1905 und 1917 gingen mit ausgeprägten Veränderungen in den allgemeinen Lebensverhältnissen einher. Die Dynamik der Zuwanderung, der industriellen Entwicklung, die begonnene Stadtreform, die mit der wachsenden sozialpolitischen Erwartungshaltung der sich politisierenden Massen freilich nicht Schritt halten konnte, all dies indiziert, daß die Modernisierung nach 1900 auf breiter Front voranschritt. Doch existierten mittlerweile nicht zwei Städte in St. Petersburg? Metropole die eine, mit dem eleganten, »europäischen« Nevskij-Prospekt als Zentrum, mit einer innovativen Architektur von Banken- und Hotelbauten, wohlorganisiert und mit den Errungenschaften moderner Zivilisation ausgestattet. Vorstadt die andere, unübersehbar mit Fabrikschloten durchsetzt, die wie in Belyjs symbolistischem Stadtroman für die amorphen politischen Massenbewegungen zu stehen schienen. Petersburg wurde nach 1900 zu einer komplexeren Stadt, deren Funktion als Nervenzentrum des Reiches vom bemerkenswert früh eingeführten Telefon noch einmal unterstrichen wird. In das Gesamtbild gehören im sozialen Spektrum die Großstädter ebenso wie die »urban-villagers«, im Bereich von Produktion und Distribution die hochtechnisierten Betriebe der Elektroindustrie ebenso wie die unzähligen kleinen Handwerksbetriebe in den Hinterhöfen, die luxuriöse Einkaufsmeile im Zentrum ebenso wie die bunten Straßenmärkte in den Stadtquartieren.

München –
Ländliche Idylle, Kunst und Industrie

Das München des frühen 19. Jahrhunderts konnte bereits auf eine gewichtige Tradition als Bürger-, Haupt- und Residenzstadt zurückblicken: »gebaut von dem Volke selbst, und zwar von aufeinanderfolgenden Generationen, deren Geist noch immer in ihren Bauwerken sichtbar [ist]« (Heinrich Heine). Im 19. Jahrhundert wurde München überdies zu einer Stadt der Kunst. Heine fand hier »heitere Kunsttempel und edle Paläste [...] in kühner Fülle«, wenn er auch den Anspruch Münchens als eines »Isarathens« für übertrieben hielt.[145] Mit der Gründerzeit begann München zur europäischen Metropole zu wachsen. Zwar war es nach der deutschen Einigung kein politisches Gegenzentrum mehr zu Berlin und Wien, beanspruchte jedoch als Kunst- und Kulturstadt die führende Position in Deutschland. Dieser Anspruch ging auf Ludwig I., den so kunstsinnigen und reformfreudigen wie autokratischen Monarchen zurück, der sein Wunschbild durch eine raumgreifende Baupolitik gegen die zahlungsunwillige Bürgerschaft durchsetzte. Sein Herrscherwille hinterließ die bekannten Repräsentationsbauten, die bis heute die Stadtarchitektur prägen. Darüber hinaus war München seit dem frühen 19. Jahrhundert wegen seines blühenden Kunstlebens eine der wichtigsten Kulturstädte Deutschlands. 1823 wurde hier der Münchener Kunstverein gegründet. Mit seinen 2200 Mitgliedern in den 1830er Jahren – ebenso viele verzeichnete der in Berlin – war er ein Forum der zahlreichen einheimischen Maler, die hier mit Kaufinteressenten in Kontakt treten konnten. Zugleich war er ein neuer urbaner Mittelpunkt, ein Zirkel zur Bildung und Unterhaltung des bürgerlichen Publikums. Einem Wort des Malers und Kunstkritikers Karl Raupp von 1889 folgend, beanspruchte München »in künstlerischen Dingen für Deutschland die Führerrolle«.[146] In der Tat hatte die Stadt seit 1869 durch ihre weit ausstrahlenden Kunstausstellungen in dem nach Londoner Vorbild 1854 erbauten Glaspalast internationale Reputation gewonnen.

München verfügte neben Berlin als einzige Stadt in Deutschland über Universität und Technische Hochschule. Auch die Bedeutung als Verlagsstandort wuchs, gemessen an der Titelproduktion, im 19. Jahrhundert ständig. Neben der Tradition des literarischen Klassizismus und den Dichtern des schöngeistigen George-Kreises regte sich hier »spätestens seit den neunziger Jahren ein bürgerlich-kritischer Geist, der nach Ausdrucksformen zur Anprangerung der ungerechten Gesellschaftsordnung, der Rolle von Religion und Kirche in Politik und Gesellschaft, der sexualfeindlichen Sittlichkeitsbewegung und der imperialistischen Weltmachtpolitik des Reiches suchte«.[147]

Aber ein wenig führen diese Hinweise auf originäre Kunst und Avantgarde in die Irre: Das geistige und künstlerische Leben beschränkte sich lange auf kleine Zirkel von meist Zugereisten. Paul Heyse, der elegante Novellist, der von Maximilian II. im Jahre 1854 von Berlin nach München berufen worden war, stellte fest, daß »München [...] eine Stadt von Kleinbürgern, von Staatsbeamten und Hofbediensteten [war], in welcher als lebhafteste Gäste die Schrannenbauern mit ihrer schallenden Geißel [...] einkehrten«. Er traf auf eine »sehr unliterarische Gesellschaft«. Aber für Heyse war wichtig, daß er als »Großstädter, der bisher nur in den Häusern guter Freunde heimisch gewesen war, sich hier zum erstenmal auf einen breiten, derben Volksboden gestellt fand, auf dem sich ein eigenwüchsiger, nicht immer löblicher, aber kraftvoller und vielfach poetischer Menschenschlag bewegte«.[148]

Blieb im München der Jahrhundertmitte die »wissenschaftliche Fremdenkolonie« bei den öffentlichen Vorlesungen an der Universität noch unter sich, so nahm auf dem Gebiet der bildenden Kunst der Kunsthandel – weniger der Kunstverein – eine immer stärkere Position ein. Vor allem gegen Ende des Jahrhunderts kann man von der Expansion der von den Zeitgenossen so genannten »Kunstindustrie« Münchens sprechen, bei der die Druckgraphik und das Reproduktionsgewerbe eine erhebliche Rolle spielten. Überall seien »die kleinen Skulptur-, Rahmen und Antiquitätenhandlungen verstreut, aus deren Schaufenstern dir die Büsten der florentinischen Quattrocento-Frauen voll einer edlen Pikanterie entgegenschauen« (Thomas Mann).[149]

Auch nach der Jahrhundertwende blieb München eine Kulturstadt, doch avantgardistische Beiträge zur ästhetischen Erneuerung
in gesamteuropäischem Maßstab gingen von ihr immer weniger
aus. 1892 spaltete sich eine Sezession von der traditionalistischen
Künstlergruppe ab. Diese war damit beschäftigt gewesen, massen-
haft Bilder nach dem Geschmack des Publikums zu verfertigen,
und hatte es dadurch versäumt, den internationalen Trend zur
Freilichtmalerei und zum Impressionismus nachzuvollziehen. Die
öffentliche Tätigkeit der Sezession begann 1893 mit einer vielver-
sprechenden Ausstellung, in der bedeutende deutsche Künstler wie
Lovis Corinth und überdurchschnittlich viele ausländische Künstler vertreten waren. Doch letztendlich stellte die Sezession lediglich
ein müdes Plagiat des Berliner Vorbildes dar.[150] Nur von den 1898
gegründeten Vereinigten Werkstätten ging im Bereich des Kunstgewerbes wirklich Neues aus. Eine Abwanderung von Künstlern
setzte ein, »von der sich die Stadt nie mehr erholte«,[151] bis München zum Zentrum der antirepublikanischen und antimodernen
Kräfte in Deutschland wurde. Das neue »Münchnertum« der
zwanziger Jahre, das die Kunstauffassung der schweigenden Mehrheit zum Dogma erhob, machte es Hitler schließlich leicht, München zur offiziellen Kunststadt des Reiches zu erklären. Im übrigen
erwies sich der Mythos der Kunststadt München schon im 19. Jahrhundert als materiell verwertbar, entwickelte sie sich doch nicht zuletzt aufgrund der kommerziellen Nutzung dieses Mythos zur
führenden Touristenstadt.

Eine Stadt mit vielen Gesichtern

Die Wirtschaftsstadt

Seit der frühen Neuzeit wies München eine differenzierte Wirtschaftsstruktur auf, die im Industriezeitalter charakteristisch bleiben sollte. München bot für spezialisierte Industriezweige einen
guten Standort – wenn sie sich den örtlichen Gegebenheiten anpas-

sen konnten.[152] Die Industrialisierung zeitigte auch hier nachhaltige Auswirkungen auf die gesamte Stadtentwicklung.

Um die Struktur und den Charakter Münchens im späten 19. Jahrhundert zu verdeutlichen, bietet es sich an, auf die Typologie Werner Sombarts zurückzugreifen: Er rechnete München unter die wenigen modernen »Großstädte« Deutschlands, die in Abgrenzung zu einer reinen Industriestadt wie Gelsenkirchen einen »mehrgliedrigen Typ« darstellten. In dieser Sicht erschien München als »Industrie-, Handels- und Verkehrsstadt« in einem, nicht zuletzt auch als »Konsumptionsstadt«.[153]

In der Tat war die Industrialisierung nicht der einzige Motor beim Wachstum Münchens, das kontinuierlicher als z. B. in den deutschen Schwerindustriestädten verlief. Zunächst prägten gewerbliche Verdichtung und später großbetriebliche Produktionsformen die wirtschaftliche Entwicklung. In der Jahrhundertmitte überflügelte das Braugewerbe den alten Leitsektor Handel und Banken, was auf technischen Modernisierungen und der Fusionierung kleinerer Betriebe beruhte. Handwerksbetriebe entwickelten sich zu einer solchen Größenordnung, daß sie als »Fabriken« bezeichnet wurden: 1847 war die größte Fabrik mit 375 Arbeitern die des Unternehmers Maffei, der mit seinem Lokomotivenbau – mitten im Englischen Garten – die Grundlage der Münchner Eisen- und Stahlindustrie legte.[154] Seit Einführung der Gewerbefreiheit 1868 nahm die Zahl der Gewerbebetriebe in der Stadt weiter zu, bis gegen Ende des Jahrhunderts eine Konzentrationsbewegung stattfand und die industriellen Großbetriebe als Wirtschaftsfaktoren hervortraten. Zu den auffälligsten Erscheinungen im Sozialleben Münchens um 1900 gehörte die herausragende Stellung einiger Familien wie der Pschorrs, Maffeis und Heilmanns. Als Standort der Technischen Hochschule, die 1864 gegründet wurde, bot München ferner wichtige Voraussetzungen für Betriebe der Feinmechanik. Die nach 1870 zunehmende Konzentration von Banken und die Niederlassung von Versicherungen bedeutete für einheimische Industrielle einen privilegierten Zugang zu Kapitalquellen. Die beträchtliche gewerbliche und industrielle Expansion nach 1870 führte zu starkem Bevölkerungswachstum, was der Konsumgüterproduktion Antriebskräfte gab. Nach der Jahrhundertwende war

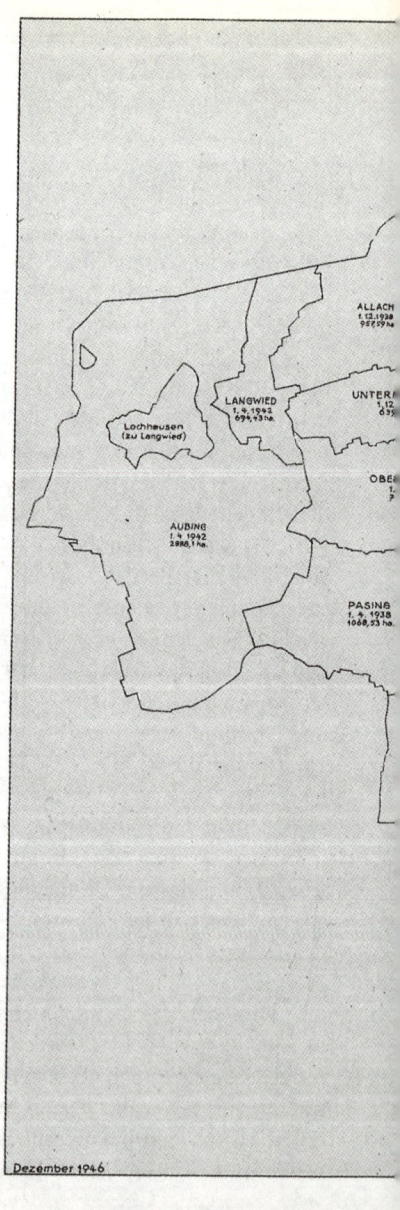

9 Eingemeindungen 1854 bis 1942 (München)
Eingemeindungen stellten eine wichtige Voraussetzung für wirtschaftliche Expansion und demographisches Wachstum der Großstädte dar. Sie konnten auch den von den Großstädten gleichsam eroberten Vororten von Vorteil sein, seitdem ihnen die Folgekosten des Aufbaus öffentlicher Einrichtungen über den Kopf zu wachsen drohten.

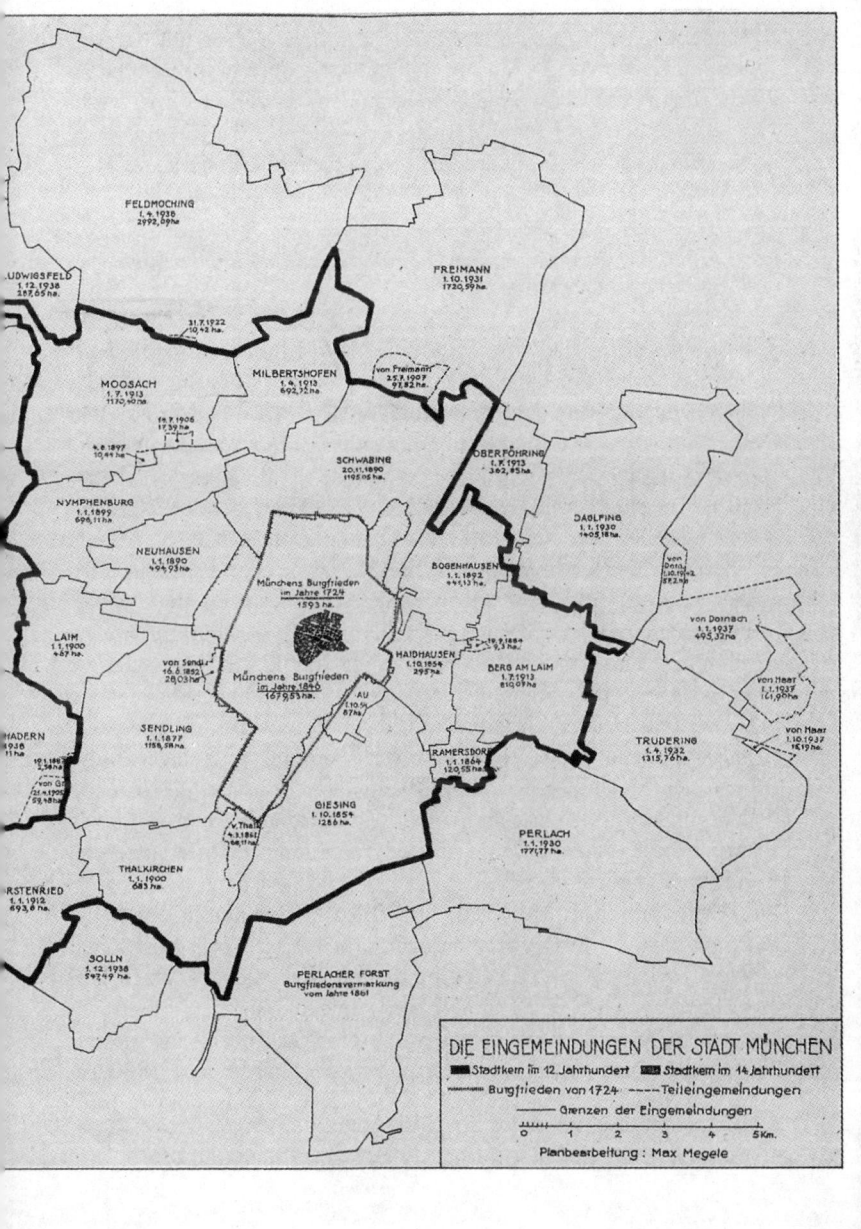

FELDMOCHING
1.4.1938
2992,09ha.

LUDWIGSFELD
1.12.1938
287,65ha.

31.7.1922
10,42 ha.

FREIMANN
1.10.1931
1720,99ha.

MOOSACH
1.7.1913
1130,40ha.

MILBERTSHOFEN
1.4.1913
692,72ha.

von Freimann
25.1.1907
97,82 ha.

16.7.1906
17,39 ha.

4.8.1897
10,44 ha.

SCHWABING
20.11.1890
1105,05ha.

OBERFÖHRING
1.4.1913
362,85ha.

NYMPHENBURG
1.1.1899
696,11ha.

DAGLFING
1.1.1930
1405,18ha.

von Denn.
1.10.1942
37,2 ha.

NEUHAUSEN
1.1.1890
494,93ha.

Münchens Burgfrieden
im Jahre 1724
1593 ha.

BOGENHAUSEN
1.1.1892
441,13 ha.

von Dornach
1.1.1937
495,32ha.

LAIM
1.1.1900
467 ha.

Münchens Burgfrieden
im Jahre 1846
1679,83 ha.

von Sendl.
16.8.1852
2803ha.

HAIDHAUSEN
1.10.1854
295ha.

19.9.1899
9,3 ha.

BERG AM LAIM
1.7.1913
810,09ha.

von Haar
1.1.1937
161,90ha.

HADERN
1936
11ha.

10.1.1867
2,94ha.

von Gr...
21.4.1905
59,18ha.

SENDLING
1.1.1877
1158,59ha.

AU
1.10.54
87ha.

RAMERSDORF
1.1.1864
120,55ha.

TRUDERING
1.4.1932
1315,76ha.

von Haar
1.10.1937
15,19 ha.

FÜRSTENRIED
1.1.1912
893,6 ha.

THALKIRCHEN
1.1.1900
683 ha.

GIESING
1.10.1854
1288 ha.

v.Thal.
4.3.1861
461,11ha.

PERLACH
1.1.1930
1771,77 ha.

SOLLN
1.12.1938
547,49 ha.

PERLACHER FORST
Burgfriedensvermarkung
vom Jahre 1861

DIE EINGEMEINDUNGEN DER STADT MÜNCHEN

▰▰▰ Stadtkern im 12. Jahrhundert ▨▨▨ Stadtkern im 14.Jahrhundert

⸺⸺ Burgfrieden von 1724 ------ Teileingemeindungen

——— Grenzen der Eingemeindungen

0   1   2   3   4   5 Km.

Planbearbeitung : Max Megele

München vor Nürnberg das größte industrielle Zentrum Bayerns. Stets aber war die Expansion der Industrie über bestimmte Grenzen hinaus auf Schwierigkeiten gestoßen. Anders als im investitionsfreundlichen Klima Manchesters standen ihr nicht nur hohe Grundstückspreise, sondern mehr noch die industrialisierungskritischen Einstellungen in weiten Teilen des Bürgertums entgegen.

Bauliche Entwicklung

Bestimmend für die bauliche Entwicklung Münchens im 19. Jahrhundert war zunächst die Einebnung des Festungsgeländes zwischen Karlstor und Schwabinger Tor. Von Bedeutung war auch die Anlage ausgedehnter Kasernenbauten und die Planung erster Stadterweiterungen (Maxvorstadt, Ludwigsvorstadt), die als durchgrünte und residenznahe Viertel auf gehobene Bevölkerungsteile eine dauernde Anziehungskraft ausüben sollten. Unter Ludwig I. erschlossen nach 1825 zwei neue Prachtstraßen, die Ludwig- und die Brienner Straße, eine neue, beachtliche Fläche. Ludwigs Stadtplanung visierte das »Gesamtkunstwerk« Stadt an. Daneben vollzog sich untergründig eine ganz andere Entwicklung: Die Stadt dehnte sich durch die neu entstehenden Gewerbebetriebe in den vorstädtischen Raum aus. Entlang den Ausfallstraßen entstanden Handwerksbetriebe, vorgelagerte und später eingemeindete Dörfer verdichteten sich, und schließlich gab das Vorrücken der Eisenbahnlinien entscheidende Anstöße für die räumliche Expansion der Stadt und die räumliche Differenzierung einzelner Gebiete.

1854 überschritt München mit 100 000 Einwohnern die Schwelle zur Großstadt. Die Eingemeindung von Dörfern und Vorstädten wie Au, Haidhausen und Giesing brachte in diesem Jahr einen Einwohnerzuwachs von 20 000 Personen. In den folgenden Jahren verlor die Monarchie immer stärker ihren Einfluß auf die Stadtgestaltung und -planung. Das Gärtnerplatzviertel wurde nach 1860 auf private Initiative hin gestaltet. Der Stadterweiterungsplan von 1893 und die Einrichtung eines Stadtbauamtes unter dem Architekten Theodor Fischer waren ernsthafte Versuche, nach einer Phase na-

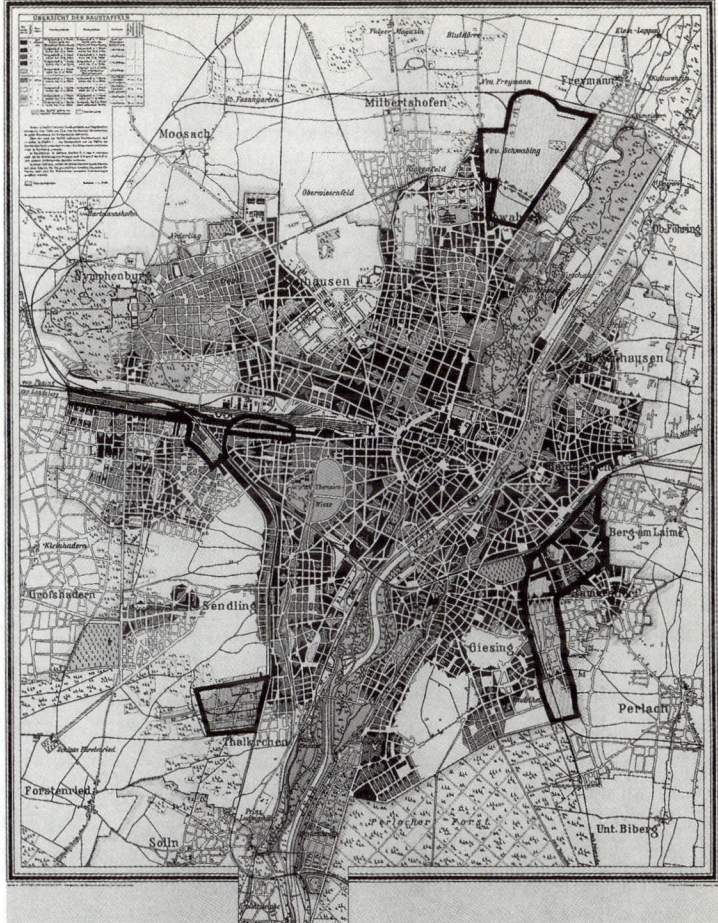

Staffelbauplan der K. Haupt- und Residenzstadt München 1904, ergänzt bis 1912

10 Staffelbauplan 1912 (München)

Staffelbaupläne legten Zonen fest, in denen die Bebauung nach Höhe und Dichte festgelegt wurde. Auch sollten Wohn- und Gewerbefunktionen dadurch abgegrenzt werden. Obwohl sie als Instrument der Stadt- und Bauleitplanung konzipiert wurden, konnten solche Staffelbaupläne den Fortgang der Bebauung nur begrenzt beeinflussen.

hezu ungehemmter Expansion während der Gründerzeit die Stadtentwicklung wieder in den Griff zu bekommen. Trotz unzureichen-
der Planungsinstrumente (etwa die gegenüber nachträglicher Verdichtung ziemlich hilflose Festsetzung der »offenen Bauweise«) und
trotz fehlender Enteignungsmöglichkeiten konnte die städtische
Bauplanung bis zum Ersten Weltkrieg zunehmend Vorgaben für die
privatwirtschaftliche Nutzung von Grundbesitz durchsetzen. Pla-
nerische Vorgaben mußten angesichts des Vorrangs privatwirt-
schaftlicher Bodenverwertung durch Verhandlungen, Grundstückstausch und »sanften« Druck durchgesetzt werden. Zunächst
wurde der Weg der »Stadterweiterung« beschritten. Dabei übernahm die Stadtgemeinde die Erschließung des Baugeländes,
während die eigentliche Überbauung durch sogenannte Terrain-
gesellschaften organisiert wurde. Gewollt und ungewollt leisteten
diese einen bedeutenden Beitrag zur Stadtentwicklung, indem sie
zersplitterten Grundbesitz vereinigten, ihn dann wieder anhand
von Bebauungsplänen parzellierten und die Bauplätze schließlich
an Bauwillige verkauften. Eine eigenständige und vorausschauende
Bodenpolitik der Stadtverwaltung setzte, wie in den allermeisten
europäischen Großstädten, erst am Ende des Jahrhunderts ein. Um
einem über Grundstückstausch erreichten spekulativen Preisauf-
trieb bei Erschließungskosten entgegenzuwirken – oder auch nur,
um selbst an Wertsteigerungen von Grundstücken teilzuhaben –,
versuchte die Stadtgemeinde, das Flächenwachstum durch eine
zweistufige Planung (Bebauungsplan und Zonungsregeln), mittels
differenzierter Strategien gegenüber den Grundstückseignern und
durch eine Flexibilisierung der Planung gezielt zu beeinflussen.

Bevölkerungsentwicklung und soziales Profil

Die Zuwanderung trug wie in fast allen europäischen Großstädten
zum Wachsen der Stadtbevölkerung (siehe Tabelle 9) am meisten
bei, doch sind in München auch interne Wachstumskräfte keineswegs zu unterschätzen. In der intensivsten Wachstumsphase zwischen 1875 und 1890 trugen Wanderungsgewinne zu 52,8 % zum
Wachstum bei, der Geburtenüberschuß zu 12,7 %, Eingemeindun-

gen zu 34,5 %. Danach ergab sich bis 1910 eine Veränderung der Relationen: das demographische Wachstum ging nun zu 38,9 % auf den Wanderungsgewinn zurück, zu 29 % auf den Geburtenüberschuß und auf die Eingemeindungen zu 32,1 %. Hinter dieser Verschiebung verbirgt sich die zunehmende Etablierung der vornehmlich aus Bayern zugewanderten Wohnbevölkerung und die z. T. auf die kommunale Gesundheitspolitik zurückzuführende Senkung der Sterblichkeit.[155]

Tabelle 9: Entwicklung der Einwohnerzahl und der Gemarkungsfläche Münchens[156]

	Einwohner	ha. Gem.
1801	40450	1593
1818	53672	1593
1846	85555	1593
1861	130222	3417
1890	349024	6398
1900	499932	8697
1910	569467	8872
1933	735388	18828
1956	962860	30983

Nach der Jahrhundertwende ging das Bevölkerungswachstum wieder zurück. Dennoch setzte sich die Expansion der Stadt im 20. Jahrhundert weiter fort, was sich in einem ausgeprägten Flächenwachstum bemerkbar machte. Diese Expansion ging mit einem Verstädterungsprozeß in der ganzen umgebenden Region einher.

In der sozialen Struktur Münchens spiegelten sich sowohl die gewerbliche Entwicklung wie die zentralörtlichen Funktionen, welche die Stadt übernommen hatte, ähnlich wie in Breslau, Stettin, Frankfurt, Köln oder Leipzig. Neben Gewerbe und Industrie siedelten sich zahlreiche Banken und Versicherungen an, das Zeitungs- und Verlagswesen war stark entwickelt, Hochschulen und Verwaltungsbehörden traten hervor.[157] Eine heterogene Schicht von Handwerksmeistern, Kaufleuten, Beamten, Angestellten, kleinen Unternehmern und Hausbesitzern zählte sich zum »Mittelstand«, der 1907 ca. 40 % der Gesamtbevölkerung umfaßte. Ein auffallendes Bevölkerungssegment waren die Angehörigen freier Berufe, Beamte und die »Rentner«, die von ihren Vermögen lebten und zu Münchens Ruf für sein gutsituiertes Milieu beitrugen. Zusammen mit den Künstlern und Wissenschaftlern können diesem Segment 11,6 % der Bevölkerung zugerechnet werden. 42,1 % aller Beschäftigten arbeiteten im Gewerbe und in der Industrie – diese Ziffer lag in den anderen deutschen Großstädten durchschnittlich zehn Prozent höher. Ein weiterer Indikator für die Entwicklung der sozialen Struktur ist der Anteil der Nichtselbständigen an der berufstätigen Bevölkerung. Der Anstieg war mehr die Folge des Anwachsens von Kleingewerbe und des Dienstleistungssektors als der Industrie: 1895 waren 46 668 Beschäftigte dem Bereich Handel und Verkehr zuzuordnen, der Rubrik »Bekleidung und Reinigung« 22 283; in der Metallverarbeitung, dem Maschinenbau und den Brauereien als industriellen Kernbranchen arbeiteten 28 788 Personen.[158] Später im 20. Jahrhundert wuchs die gewerblich aktive Bevölkerung zwar weiter an, noch stärker aber die im tertiären Sektor.

Die Organisation des städtischen Raums

Trotz der im Vergleich zu klassischen Industriestädten wie Bochum oder Nürnberg geringeren Industrialisierung wirkte sich diese nach 1850 auf die Organisation des städtischen Raums bestimmend aus. Zunächst aufgrund der Zugänglichkeit zu Wasserläufen, dann durch den Eisenbahnbau bildete sich im Westen und Süden der Stadt ein Industriegürtel heraus. Am Jahrhundertende siedelten sich bislang im Zentrum gelegene und neugegründete größere Betriebe in Stadtrandlagen an, wo sie bessere Entfaltungsmöglichkeiten fanden. Hier war der Baugrund noch kostengünstig, und es standen zusammenhängende Flächen zur Verfügung. Die Dienstleistungsbetriebe waren primär von der Bahnhofsnähe und vom

Zustrom der Kunden abhängig und konzentrierten sich in den zentralen Bereichen der Stadt.[159] Die Transformation des innenstadtnahen, älteren Gärtnerplatzviertels und des sogenannten Franzosenviertels, die als großzügige bürgerliche Wohngebiete geplant worden waren, zu Arbeitervierteln hatte ebenfalls mit der Nähe zum Bahnhof zu tun. Nun teilten sich hier mehrere Arbeiterfamilien mitsamt ihren »Schlafgängern« ehemals »herrschaftliche« Wohnungen. Die Bevölkerung verdichtete sich dadurch enorm.

Durch den ununterbrochenen Zuwanderungsstrom entstanden außerdem neue Viertel, deren soziale Struktur sich deutlich von den älteren, sozial stärker durchmischten Gebieten unterschied. In der Gründerzeit entstand südlich der Bahnanlagen am Hauptbahnhof ein Handwerker- und Arbeiterviertel, das Münchener Westend, das keinen früheren dörflichen Kern aufwies und sich mit seinen Lagerplätzen, Industrieanlagen und Arbeiterwohnungen auf freier Fläche rasant entwickelte. Das Westend wuchs allein zwischen 1905 und 1910 um 22,5 %. Hierzu liegt eine bemerkenswerte Studie von Stephan Bleek vor, der die neue Raumerfahrung der Bevölkerung des Westends als soziokulturelle Mileubildung zu erfassen sucht, um so die Entstehung großstädtischer Normen, Wertvorstellungen und Verhaltensmuster zu beleuchten. Die Analyse der bevölkerungsstatistischen Quellen zeigt, daß die enorm hohe Umzugsmobilität im Viertel nicht pauschal auf soziale Instabilität hindeutet, da man zunehmend innerhalb des Viertels und der Nachbarschaft umzog. Außerdem muß man scharf zwischen den Mobilitätsraten von Familien und Ledigen trennen. Daß die Mieterfluktuation im Arbeiterquartier Westend seit den neunziger Jahren zurückging, deutet Bleek als Trend zur »Stabilisierung der Lebensverhältnisse« der 1880 hierhergezogenen Gründergeneration. Somit entstanden trotz vieler Umzüge allmählich beständige Wohnstrukturen, an denen sich eine gewisse Identifizierung mit dem Viertel selbst ablesen läßt, zumal diese Stadtteilidentität durch größere klassenspezifische Homogenität als in anderen Stadtgebieten gefördert wurde. Das Quartier als Lebens- und Erfahrungsraum trat auch deswegen hervor, weil die Wohnverhältnisse beengt waren und sich die Einwohner typischerweise auf Höfen und Straßen und nicht in ihren Wohnungen trafen. Zugleich dienten die

Wirtshäuser den neuentstandenen Vereinen als Versammlungsorte. Das Stadtviertel bot außerdem Kindern ein vom Verkehr noch wenig gestörtes Territorium für ihr Spiel. Diese Verhältnisse entsprechen der Schilderung, die Robert Roberts vom edwardianischen Salford gegeben hat, auch was die Gewalttätigkeit betrifft, die im »Glasscherbenviertel« herrschte. Die wachsende soziale homogene Geschlossenheit des Westendmilieus erleichterte zwar den Übergang zur immer offeneren Stimmabgabe für die Sozialdemokratie, die hier 1912 erstmals eine Mehrheit errang, andererseits war die politische Milieubildung auf Stadtteilebene nicht stabil genug, um später den Einbruch des Rechtsradikalismus zu verhindern.

Nach der Jahrhundertwende entwickelten sich außerdem Harlaching, Thalkirchen und Laim zu typischen Arbeiter- und Handwerkervierteln. Der Anteil der Unselbständigen lag hier über 50 %, in einigen Gebieten über 75 %. Den Kontrast bildete Schwabing in der Nähe des Englischen Gartens und der Universität, wo sich schon vor der Eingemeindung 1890 städtische Mittelschichten, Beamte, Freiberufler und Künstler angesiedelt hatten: Letztlich war dies noch ein Ergebnis der Baupolitik Ludwigs I., »der seine Prachtstraße von Renaissancebauten schnurgerade in die ländliche Leere vor dem Schwabinger Tor stellte und damit schon die halbe Entfernung zum Dorf in weitblickender und glänzender Art überwand. Von dieser Zeit ab vollzog sich die Entwicklung immer rascher und nahm in den Gründerjahren sogar einen stürmischen Verlauf [...] Die Schwabinger Flur erlebte Baufieber, Planungen im amerikanischen Stil, dunkle Finanzcoups und Bankerottserien, die wie Gala-Feuerwerke krachten.« (Viktor Mann)[160] Außerdem verließen in den letzten Jahrzehnten des 19. Jahrhunderts begüterte Kreise ihre bisherigen Wohnungen in innerstädtischen Bezirken und zogen in exklusivere Villengebiete im Isartal.

Der Prozeß der »Citybildung« blieb im München des 19. Jahrhunderts noch begrenzt und erfolgte langsamer als in anderen Großstädten. Die Wohnbevölkerung der Altstadt verminderte sich zwischen 1860 und 1900 zunächst von 45 925 auf 39 402 Einwohner.[161] In den letzten Jahren des 19. Jahrhunderts nahm die Bevölkerung in der Altstadt allerdings stärker ab als in den Jahren zuvor. Wohnungen wurden in Geschäfte verwandelt und in der Nähe des

Hauptbahnhofs die ersten großen Warenhäuser errichtet. Die Stadtverwaltung strebte gegen Ende des 19. Jahrhunderts zwar an, »das alte Kleid« der Altstadt mit ihren engen Gassen zu »weiten«, doch der »flutende Strom des modernen Lebens«, der »nach Licht und Luft«, nach Verkehrsflächen und einer Intensivierung kommerzieller Raumbewirtschaftung verlangte, sollte sich nur in Teilen der Altstadt Bahn brechen. Nach Durchführung einiger Durchbruchsprojekte wuchsen unter dem Stadtarchitekten Theodor Fischer die Zweifel daran, ob man in München derselben Entwicklung – der baulichen Vereinheitlichung eines gewachsenen Ensembles – Vorschub leisten solle wie in den anderen deutschen Großstädten.

Insgesamt zeigt sich in der Großstadt München um die Jahrhundertwende ein ausgeprägtes funktionelles und sozialräumliches Verteilungsmuster, wenn es auch nicht so stark ausgeprägt war wie in Wien, Berlin oder gar in Manchester. Die Arbeiterbevölkerung konzentrierte sich dort, wo sich die industriellen und gewerblichen Arbeitsplätze fanden. Diese Arbeiter waren im übrigen eher dem sozialen Typ des unselbständigen Handwerkers zuzuordnen als dem des ungelernten Industriearbeiters. Trotz erstaunlich ausgeprägter sozialer Segregation der Wohnlagen erhielt sich ein verschiedenen Schichten gemeinsames kulturelles Klima, das man mit der relativen Geschlossenheit der Stadt und der eben doch »primär bürgerlich geprägte(n) Urbanität des Lebens« in Zusammenhang bringen muß.[162]

Straßenbahn und Brunnenbau

Neue Handlungsfelder: Kommunale Verkehrs- und Gesundheitspolitik

Seit dem Ende des 19. Jahrhunderts trug die Straßenbahn zur Ausdifferenzierung der Wohnbevölkerungen und der Stadtgebiete bei. Wenn man das bis zur Jahrhundertwende entstandene Streckennetz der zunächst privatwirtschaftlich betriebenen Straßenbahnen Münchens untersucht, wird man das Bemühen erkennen, die Stadtteile an den Peripherien miteinander zu verbinden. Leitender Gesichtspunkt beim – privatwirtschaftlich betriebenen – Ausbau des Streckennetzes war die Rentabilität. Nachdem die Stadtgemeinde mehr und mehr die Kontrolle des Straßenbahnverkehrs übernahm und zugleich als lenkender Faktor der Stadtentwicklung in Erscheinung trat, geriet sie in ein fast unlösbares Dilemma. Einerseits wollte die Verwaltung nicht die Spekulation mit Grundstücken entlang projektierten Streckenführungen provozieren, andererseits stand sie sich mit ihrer Politik der Ad-hoc-Erweiterung des Streckennetzes selbst im Wege, wenn sie bis 1905 auf einen Generallinienplan für den Ausbau des Straßenbahnnetzes verzichtete. Auf der einen Seite förderte der Ausbau des öffentlichen Verkehrssystems die Entstehung großbürgerlicher Villenvororte, andererseits bot sich dadurch die Chance, die Stadtentwicklung homogener zu gestalten. Inwieweit diese Möglichkeit wirklich bestand, hing freilich von der Linienführung und mehr noch von der Gebührenpolitik der Betriebsgesellschaften ab. Für Arbeiter waren die Tarife lange Zeit zu teuer. Die Straßenbahn wurde zuerst vom »besseren« Publikum oder an Sonntagen zu Ausflügen ins Isartal oder nach Nymphenburg genutzt. Erst mit dem dichteren Streckennetz und billigeren Tarifen – 1890 hatten die privaten Betreiber noch die Einführung einer Arbeiterfahrkarte abgelehnt – wuchs die Pro-Kopf-Zahl der Fahrten pro Jahr erheblich an: von 78 (1904) auf 202 (1912). Darunter müssen sich zunehmend Arbeiter auf der Fahrt zwischen Arbeit und Wohnung befunden haben, da mit der Kommunalisierung 1892 der Betriebsbeginn von 7 Uhr auf 5.30 Uhr vorverlegt und die Straßenbahn durch die Elektrifizierung leistungsfähiger wurde. Vorortstrecken bei der Staatseisenbahn für Arbeiterpendler bestanden ebenfalls seit den neunziger Jahren. Erst jetzt und durch die Kürzung der bislang dreistündigen Mittagspause konnte es für Beschäftigte sinnvoll erscheinen, weit entfernt vom Arbeitsplatz zu wohnen.[163]

Bei ihrer Verkehrspolitik geriet die Stadtgemeinde als Träger der öffentlichen Verkehrsbetriebe in den 1890er Jahren außerdem in das Dilemma, einerseits Gewinne erzielen zu müssen, andererseits das Gemeinwohl zu wahren, d. h. sich bei der Tarifgestaltung an sozialpolitischen und nicht an betriebswirtschaftlichen Zielen zu orientieren. Eine ähnliche konflikthafte Grundkonstellation zeigte sich schon bei den Infrastrukturmaßnahmen, die teils der Entwicklung der Stadt, teils der Gesundheit ihrer Einwohner dienten. Unter dem Eindruck der zweiten deutschen Choleraepidemie des 19. Jahrhunderts in München 1854, als sich das gehobene Bürgertum in ländliche Gegenden flüchtete und die erste große Industrieausstellung im Glaspalast fast zum Erliegen kam, [164] begann der Arzt und Apotheker Max von Pettenkofer mit Untersuchungen des Grundwassers. Ausgehend von seiner falschen, aber die Zeitgenossen überzeugenden Theorie, daß die Cholera durch ein gefährliches Gas (»Miasma«) im »porösen Erdreich« verursacht sei, entwickelte Pettenkofer eine Strategie der »Reinhaltung des Bodens«. Gestützt auf seine Autorität als wissenschaftlicher Hygieniker, konnte Pettenkofer maßgeblichen Einfluß auf das von der Stadtgemeinde zu realisierende, stadthygienische Programm gewinnen, bei dem die Kanalisation Vorrang vor der Wasserleitung hatte.[165]

Die Beseitigung offener Abwassergräben im Stadtgebiet und die systematische Planung des Kanalbaus setzte in den 1860er Jahren ein. Trotz erheblicher technischer Schwierigkeiten und Protesten aus der Bevölkerung wegen der Geruchsbelästigungen, die aus den technisch noch unvollkommenen Sielen herrührten, konnte das Kanalnetz bis 1881 auf 24,6 km ausgedehnt werden. Voraussetzung hierfür war die Durchführung des allgemeinen Anschlußzwanges. Bei der Wasserversorgung beschränkte man sich zunächst auf ein Leitungsnetz in Teilen der Innenstadt und der Stadterweiterungsgebiete. Mit dem Wasser wollte man nicht nur die Versorgung der Bevölkerung sicherstellen, sondern auch die Kanalisation besser durchspülen. Bis 1875 waren 43 % aller Anwesen an die Brunnwerke angeschlossen, der Rest der Bevölkerung mußte sich noch aus privaten Brunnen versorgen.

Erst die in den sechziger Jahren immer noch steigenden Mortalitätsziffern, das unhaltbare Image Münchens als gefährlicher Typhusstadt, das den Zustrom von Touristen und Geschäftsleuten zu hemmen drohte, sowie der Eindruck der dritten Münchner Choleraepidemie von 1873/74 mit 1459 Todesopfern sollten schließlich

MÜNCHEN, KARL MÜLLERSCHES VOLKSBAD.
SÜDSEITE

11 Müllersches Volksbad (München) 1900
*Durch eine überzeugende Architektur und funktionale
Gliederung wurde das von 1897 bis 1901 von Carl Hocheder
erbaute Müllersche Volksbad zum Vorbild zahlreicher
anderer Bauten in Deutschland. Die Mittel zu diesem Bad
waren durch eine private Stiftung zur Verfügung gestellt
worden. Solche philanthropischen Projekte verstehen sich
im Zusammenhang der öffentlichen Bemühungen um eine
Hygienisierung von gebauter Umwelt und Körperkultur.*

der städtischen Gesundheits- und Hygienepolitik Priorität verschaffen. Obwohl Pettenkofer und seine Anhänger die Rolle des Wassers als Überträger von Infektionen leugneten, unterstützten sie eine großzügige technische Lösung der Wasserversorgung. Der Erste Bürgermeister Alois v. Erhardt und der Baurat Arnold v. Zenetti, die wie Pettenkofer Mitglieder im örtlichen »Verein für Öffentliche Gesundheitspflege« waren, setzten in den Selbstverwaltungsgremien die Finanzierung des aufwendigen Bauprogramms durch. Das Kanalnetz wuchs bis 1890 auf 84 km, bis 1910 auf 288 km. Auf Kosten der Gesundheit von Bewohnern der isarabwärts gelegenen Städte erreichte die Stadtgemeinde, daß die Abwässer ungeklärt in die Isar eingeleitet werden durften und so die Kosten für die Anlage von Rieselfeldern oder eines technisch durchaus schon realisierbaren Klärwerks gespart werden konnten.

Durch den Aufbau der Fernwasserversorgung seit den frühen 80er Jahren konnte der Wasserverbrauch auf die Höhe von 150 bis zu 230 Litern pro Tag und Einwohner gesteigert werden. Auch verbesserte sich dadurch die Wasserqualität. Widerstände gegen das Projekt kamen aus Teilen der Stadtverordnetenversammlung. Finanzielle Bedenken, Mißtrauen gegenüber der neuen Technik und parteipolitische Interessen spielten dabei eine Rolle.

Ein großer Teil der von der Stadt München aufgenommenen Anleihen 1881–1890 wurde neben dem Straßenbau für die Kanalisation und die zentrale Wasserversorgung verwendet, ein deutlicher Kontrast etwa zu St. Petersburg. Zwischen 1870 und 1900 investierte München beträchtliche Summen: 17,5 Millionen Mark in das Wasserleitungssystem und 23,7 Millionen Mark für die Kanalisation, für Krankenhausbauten hingegen nur 3,5 Millionen Mark. Dazu kamen die Defizite bei den laufenden Betriebskosten der Kanalisation, die durch Gewinne bei der Wasserversorgung nicht vollständig ausgeglichen werden konnten. Eine Erhöhung von Gebühren war bis zum Jahr 1918 aufgrund des Widerstands der Hausbesitzer nicht möglich. Erst in den 1920er Jahren, als sich München wie andere deutsche Städte in einer finanziellen Zwangslage befand, konnte die Kostendeckung bei Entwässerung und Abfallbeseitigung erreicht werden.

Die Anstrengungen zur Verbesserung der Stadthygiene und die

Senkung der Sterblichkeitsrate – diese halbierte sich zwischen 1877 und 1906 –, die man als gesundheitspolitische Erfolge betrachtete, hatten viel mit Konkurrenz zwischen den deutschen Großstädten und dem bedrohten Prestige Münchens zu tun; zugleich gaben die Münchner Erfahrungen den reformerischen Kräften in anderen Großstädten Auftrieb.

Andere Handlungsfelder kommunaler Gesundheitspolitik wurden in München, wenn auch in zurückhaltendem Tempo, ebenfalls aufgebaut: Beispiele hierfür sind die Anfänge einer modernen Nahrungsmittelüberwachung (1884) und der Bau des städtischen Sanatoriums Harlaching (1896/97) für Lungenkranke aus der »arbeitenden Klasse«. Das allgemeine Krankenhaus links der Isar war schon 1813, ungewöhnlich früh, in kommunale Verwaltung übernommen worden. Nachdem es in den sechziger Jahren Klagen über fehlende Krankenhausbetten gegeben hatte, kam es daraufhin zu qualitativen und quantitativen Verbesserungen.

Zur städtischen Gesundheitspolitik gehörten auch die Anstrengungen zur Eindämmung der Säuglingssterblichkeit (Mütterberatung, »Stillprämien«, Säuglingsmilchküchen), die in München teils durch die Stadtgemeinde, teils auf privater Basis durchgeführt wurden. Bei der Frage der Gesundheitsüberwachung durch Stadt- und Schulärzte verhielt man sich in München hingegen sehr zurückhaltend. Als man sich 1907 dazu entschloß, zwanzig nebenamtliche Schulärzte anzustellen, war dem eine fast zwanzigjährige Debatte vorausgegangen. Im Zweifelsfall waren die städtischen Gremien dazu bereit, die Sanitätspolizei in staatlicher Hand zu belassen, weil man von den Erfolgen der eigenen Anstrengungen auf anderen Gebieten der Volksgesundheit überzeugt war: »Wie so viele andere städtische Schöpfungen, so stellt sich auch das Krankenhaus links der Isar als ein Werk des mächtigen Dreibundes dar, den Heilkunde, Technik und Kommunalverwaltung zur Abwehr aller gefährlichen Feinde der Gesundheit, zur Erhaltung und Mehrung der Wohlfahrt des Volkes geschlossen haben« (Bürgermeister Wilhelm von Borscht bei der Jahrhundertfeier des Krankenhauses links der Isar 1913).[166]

Lebenskunst und Engstirnigkeit

Grenzen der Urbanität

Trotz Münchens Attraktivität als Kunst- und Kulturstadt und der Verbreitung neuartiger urbaner Lebensformen haben Besucher immer wieder erstaunt registriert, daß hier vorindustrielle, ja dörfliche Lebenswelten nicht nur als Inseln in die Stadt eingelagert waren, sondern ihren gesamten Charakter prägten, wie dem Dramatiker Max Halbe auffiel:

»Jenes München der achtziger Jahre war [...] noch eine sehr friedliche und geruhsame Großstadt, wenn es überhaupt schon eine war [...] Aber selbst heute [1932] hat ja München noch manches von einem Dorf oder von einem lebhaften Marktflecken des Oberlandes, während es zugleich sehr wesentliche internationale und weltstädtische Züge aufweist. München befand sich gerade [1884] im ersten Abschnitt jenes Entwicklungsweges, der es aus dem Zustande einer stillen, behaglichen Residenzstadt von äußerlich großstädtischem Anstrich in den Kreis der bereits in Deutschland vorhandenen wirklichen Großstädte hinüberführen sollte. Noch herrschten Hof, Beamte und Militär [...] Und überall doch in den breiten marktähnlichen Straßen der Altstadt, in dem bachdurchzogenen Herbergengewimmel der Vorstädte guckte noch die Kleinstadt, guckte noch das Dorf in dem neuen Aufbau der sich weitenden Großstadt. Das gab Brechungen, Kreuzungen, Überschneidungen von unerhörtem Reiz [...].«[167]

In der einheimischen Bevölkerung war die Vorstellung, Modernisierung solle sich ohne Hast vollziehen, besonders verbreitet. Vor allem im Gewerbebürgertum pflegte man gerne Traditionalismus und Selbstgenügsamkeit. Weite Kreise bemühten sich um eine Beziehung zur bäuerlichen Kultur oder was man dafür hielt. Während der »normale« Münchner zum »Künstlerdorf Schwabing« Abstand hielt, stand dieses um 1900 nicht mehr nur für einen Stadtteil, sondern für ein großstädtisches Künstlermilieu, das neben dem traditionalen existierte. Laut Erich Mühsam belegten die »Maler, Schriftsteller, und Genieanwärter«, denen man im Café Stefanie begegnen konnte, die Vielfalt eines widerständigen, »experimentellen Gesellschaftsindividualismus [...]. Äußerlich [war Schwabing] ein Münchener Stadtteil wie jeder andere, mit Läden, langen Straßen, hohen Wohnhäusern [...] und mit sehr gemischter Bevölkerung: reiche Leute, hohe Beamte, Staatspensionäre, Professoren, Studenten, Kleinbürger, viel Arbeiter, und ganz nördlich, wo die Häuser niedrig und spärlich sind, [...lebte ein] durchaus rustikales Ackerbürgertum [...]. Dies ist alles nichts, was den Stadtteil Schwabing wesentlich von anderen Städten oder Vororten unterschied, die, ehedem winzige Bauerngemeinden, von nahegelegenen Metropolen verschluckt wurden und sich deren Ansprüchen nach und nach akklimatisierten. Dennoch ist Schwabing von etwas Besonderem ausgezeichnet, von einer anderen Art Lebensgeist, als er sonst waltet [...]. Das Klüngel- und Cliquenwesen war reich entfaltet, doch fanden allgemein keine so schroffen und unübersteigbaren Abgrenzungen statt wie etwa in Wien. Alle Zentren des geistigen Lebens strahlten in benachbarte und verwandte Zirkel aus [...] und bildeten [...] ein Netz, das [...], die Selbständigkeit von Wirkungsart und Daseinszweck jedes Zusammenschlusses wahrend, dennoch die Gemeinsamkeit der Lebensbeziehungen aller derer, die das Vorkriegs-München [...] zum Capua der Geister machten, zu schöner Geltung brachte. Was zusammengehörte und zusammenstrebte, fand sich in den Caféhäusern, Weinstuben und Bierkellern an den Tischen [...].«[168]

Dieses Milieu konnte sich freilich nur entfalten, weil es eine tolerante Atmosphäre in der Gesamtstadt gab – vielleicht war dies ihr urbanster Zug. Wie Viktor Mann, der jüngere Bruder von Thomas und Heinrich Mann, es sah, war das München der Jahrhundertwende eine »lebensbejahende und festfreudige Stadt voller Toleranz trotz ländlich-frommem Katholizismus und vermeintlich kleinbürgerlicher Enge, [...] und voller fast weltweiter Duldsamkeit trotz polterndem Lokalpatriotismus«.[169] Marc Henry, Mitbegründer des politischen Kabaretts der »Elf Scharfrichter«, fiel im München der achtziger Jahre »die patriarchalische und familiäre Seite des öffentlichen Lebens« auf. »Fragen des Ranges und der Etikette« hemmten hier im Gegensatz zu anderen deutschen Städten »selten den gesellschaftlichen Verkehr«.[170] Andererseits hatten Kabarett und das

Theaterleben sowohl auf politischem Gebiet als auch in Fragen der öffentlichen Sittlichkeit unter Verfolgung und Zensur zu leiden, so daß etwa Wedekinds Stücke im »Neuen Verein« vor geladenem Publikum gespielt werden mußten: »Der Beifall raste und wurde am entsprechenden Ort richtig verstanden.«[171]

Neben Schwabing gab es noch eine ganz andere Kulturszene: München war seit der Mitte des 19. Jahrhunderts ein Zentrum populären Unterhaltungstheaters, das im Milieu der unteren Schichten wurzelte. Diese Szene grenzte sich, meist in ruppiger Weise, zum etablierten Theater der Oberschicht ebenso ab wie zum Schwabinger Künstler- und Intellektuellenmilieu.[172] Teils auf der Grundlage von Wiener Liedgut, teils durch die Spontaneität des sozial sehr gemischten Bierkellerpublikums inspiriert, trugen in zahlreichen Lokalen »Volkssänger«, deren man mehrere hundert zählte, eine bunte Mischung von Liedern und Szenen, von »Possen« und Monologen vor, die jedem Nichtmünchener schon aus sprachlichen Gründen unzugänglich bleiben mußte. Seit der Jahrhundertwende fand die neue Kunstform des Kabaretts Eingang in die Volkssängerszene: Derber Witz paarte sich mit populärer Kritik an Obrigkeit und herrschender Politik. Zugleich grenzte sich das Volkstheater aggressiv ab gegenüber allen, die nicht zum eigenen Milieu zu passen schienen. Feindbilder, die auf die zwanziger und dreißiger Jahre verweisen, gab es hier zuhauf: Intellektuelle, Bauern in der Figur des tumben »Gscheerten«, Juden und Sozialisten. Schon die Anwesenheit norddeutscher, »preußischer« Beamter und Gebildeter im Vormärz war in der einheimischen Bevölkerung auf größte Ablehnung gestoßen. Der Ultramontanismus, vom Königshaus gefördert, fand erhebliche Resonanz, wie das Stadtbürgertum auch die Integration der Juden in die Münchner Gesellschaft nur widerwillig nachvollzog.[173]

In den zwanziger Jahren unseres Jahrhunderts mußten Künstler und Intellektuelle die bittere Erfahrung machen, daß München als Insel toleranter Urbanität nicht mehr existierte. Ein Beobachter registrierte: Den Künstlern selbst sei, »solange sie sich ruhig verhalten, der Aufenthalt in München vorläufig noch gestattet. Von der Bevölkerung werden sie kurzweg als ›Schlawiner‹ bezeichnet [...] Schwabing [...] steht in dem üblen Geruch, das schlawinische

Hauptquartier zu sein.« Münchens Tagespresse diene, »teils aus naiver Beschränktheit, teils aus bauernschlauem Geschäftsgeist, auch im Feuilleton einem dickköpfigen Partikularismus und ungepflegten Provinzgeschmack, der mit saftigsten Ausdrücken gegen alles hetzt, was nicht ›bodenständig‹ ist [...] Berlin ist das rote Tuch, und was aus dem übrigen Norddeutschland kommt, zum mindesten schwer verdächtig.«[174]

Urbanität: Das hieß künstlerische Produktivität und Toleranz gegenüber Außenseitern. Aber »urban« im Sinne von modernisierungsfreundlich waren, wie schon angedeutet, weite Kreise des Münchner Bürgertums nicht. Dies zeigte sich schon an der Gegnerschaft zu dem ehrgeizigen und aufwendigen Bauprogramm Ludwigs I. Sie schwächte sich erst ab, als sich zeigte, daß man von öffentlichen und privaten Bauprojekten profitieren konnte: Bauunternehmer und Handarbeiter sowie eine neue Schicht von Bürgern, die weniger an gewerblichen Tätigkeiten denn an kommerziellem Häuserbau interessiert waren, die Künstler und das Wirtsgewerbe.[175] Selbst der ansonsten aktivistische und gegenüber der Monarchie selbstbewußt auftretende Bürgermeister Jakob Bauer stellte sich 1852 vor, man solle das Wachsen der Stadt begrenzen und dies äußerlich sichtbar machen. Durch eine ringförmige Allee sollten »die Grenzen der Stadt [...] genau fixiert und über diese hinaus zu bauen nicht gestattet werden«.[176]

Selbst als München den offiziellen Status einer Großstadt erreicht hatte, fanden sich hier Reserven gegen ihren weiteren industriellen Ausbau. Der angestrebte Stadttyp war für die Mehrheit des Bürgertums der einer »Kunststadt«, die unvereinbar mit ihrer Industrialisierung schien, wie sich in der Stadtverordnetenversammlung des 19. Jahrhunderts und noch einmal in zugespitzter Form um 1900 zeigte, als sich die anhaltende Debatte an den Fronten »Kunststadt« und »Industriestadt« zu polarisieren begann. Lange überwog in städtischen Gremien, wenn auch eher implizit, die Anschauung, daß industrielle Entwicklung und Großstadtwachstum weder erwünscht noch ihren Dimensionen nach steuerbar sei. Die Gemeindekollegien befürchteten von einer Förderung der Industrialisierung überwiegend die Zerstörung des Kleingewerbes und negative Auswirkungen auf die Attraktivität als Kulturstadt. Höhere Steuereinnahmen wollte man eher durch den Zuzug wohlhabender Familien als durch eine Intensivierung des Gewerbelebens erreichen.

Andererseits beweist das Beispiel der Gesundheitspolitik, daß sich die Stadtentwicklung in der zweiten Jahrhunderthälfte als Gestaltungsproblem aufdrängte. Diese Problematik wurde aktiv von der sich professionalisierenden und an baulichen und technischen Innovationen stark interessierten Leistungsverwaltung bearbeitet. In der Mitte der siebziger Jahre wurde erstmals der Gedanke eines Generalplans zukünftiger Stadtentwicklung ins Auge gefaßt. Unaufhaltsame strukturelle Wandlungen, wie sie gegen Ende des Jahrhunderts wahrgenommen wurden, und Erfahrungen wie die hohe Arbeitslosigkeit während der Krise des Jahres 1901 generierten ein Bewußtsein vom qualitativen Wandel der Lebensverhältnisse und von der Notwendigkeit, gezielte Wirtschaftsförderung zu betreiben.[177]

Den Disput um die vermeintliche Alternative Kunst- oder Industriestadt kann man nur verstehen, wenn man berücksichtigt, welche Bilder sich mit dem Begriff der Kunststadt verbanden, nämlich eine Stadt ohne den Rauch von Fabriken, eine Stadt ohne Klassenkampf und ohne irritierende Architekturmoderne. Die Kunststadt war der Gegenpol zu Berlin. Im Konflikt zwischen modernisierungsfreundlichen und traditionalistischen Kräften wurde ein historisch wirksamer Konsens über die Natur der Stadtentwicklung gefunden. Eine schmale Fraktion von Industriellen und, aus Sorge um die Arbeitsplätze, der einzige der SPD angehörende Magistratsrat Eduard Schmid unterstützten die Ausweisung großdimensionierter Industriegebiete. 1904 wurde ein Industrieausschuß mit Vertretern der Stadt und der Wirtschaftsverbände berufen. Tatsächlich wurden seitdem bei der Stadtplanung Industriegebiete ausgewiesen. Ebenso kam die Staffelbauordnung von 1903 industriellen Ansiedlungsinteressen entgegen, wie das auch hinsichtlich der Eingemeindungspolitik der Fall war: Bei dieser hatte man sich zunächst eher zurückgehalten, weil durch sie auf die Stadtgemeinde hohe Kosten zukamen. Seit der Jahrhundertwende verstärkte sich das Interesse daran, die Infrastrukturentwicklung zügig und aus einem Guß zu vollziehen. Die Verwaltung nutzte nun die Eingemeindungen, um verkehrs- und wachstumspolitische Konzepte zu verwirklichen.

12 Plakat zur Ausstellung München 1908
Das Ausstellungsplakat verweist auf die Bemühungen, traditionellen Strukturen und Mentalitäten angepaßte Kunstgewerbezweige in die Stadt zu bringen, die mit dem Charakter Münchens als »Kunststadt« vereinbar schienen.

Durch die Eingemeindungen konnten außerdem gewerbliche Nutz-
flächen an der Peripherie erschlossen werden, was in München
besonders wichtig war, weil hier das Interesse an komfortablem
Wohnen im Innenstadtbereich besonders ausgeprägt war. Die Eingemeindungspolitik kam im übrigen in vielen Fällen den Wünschen der
Bevölkerung in den Vororten entgegen, die nun am großstädtischen
Leistungsangebot teilhaben konnte. Auch nach 1900 behielten
Wohnlichkeit, Hygiene und ästhetische Gestaltung als Kriterien für
die Stadtentwicklung ein hohes Gewicht, d. h., ökonomische Effizienz allein zählte nicht. Ein Ausstellungspark auf der Theresien-
höhe sollte München eine größere Bedeutung als Wirtschaftsmetro-
pole verleihen. Die erste Ausstellung im neuen Gelände, »München
1908«, stellte freilich nicht das Leistungsangebot der einheimischen
Industrie, sondern die Produkte des örtlichen Kunstgewerbes vor.

Im Vergleich zu anderen Metropolen erfolgte in München der
durch Verstädterung und Industrialisierung in Gang gesetzte Wandel gesellschaftlicher Strukturen in gemäßigtem Tempo, wie hier
auch die räumliche Expansion in gewisse Bahnen gelenkt werden
konnte. Soziale Entmischung wurde dadurch nicht verhindert:
Gleichsam hinter der Verwaltungs- und Kunststadt existierte das
München der Arbeiter und kleinen Handwerker. An die repräsentative Theresienwiese schloß sich das Arbeiterquartier Westend an,
so wie in der Stadt neben liberaler Grundhaltung das Rabaukentum
der Vorstadtkeller gedieh: Ungleichzeitiges im urbanen Bewußtsein
korrespondierte mit der Vielseitigkeit sozialer Strömungen.

Barcelona –
Weltausstellung und »Modernismo«

Die Reisenden, die Barcelona um die Jahrhundertwende kennen-
lernten, hoben übereinstimmend das europäische Format und den
betriebsamen Charakter der Hafenstadt hervor. Der deutsche Städ-
tebauer Josef Stübben erblickte von den Höhen des Hausberges Ti-
bidado aus »die Herrlichkeiten einer arbeitsamen Großstadt, einen
von Schiffsmasten und Segeln buntbelebten Hafen«.[178] Ein anderer
Besucher, Théodore Simons, meinte, die Stadt könne ihrem zur
Schau gestellten Reichtum nach mit Marseille mühelos rivalisie-
ren.[179] Edmundo de Amicis, ein Kenner der Städtewelt am Mittel-
meer, sah Barcelona als »die am wenigsten spanische Stadt Spaniens [...]. Diese Stadt, auch wenn sie durchaus nicht die Blume der
schönen Städte der Welt ist, wie sie Cervantes genannt hat [...],
gefiel mir, und ihr immer beschäftigtes Volk flößte mir Respekt
ein.«[180]

Barcelona, seit dem 18. Jahrhundert das Zentrum der spanischen
Fertigwarenproduktion, gewann den Rang einer europäischen
Metropole erst nach der hier stattfindenden Weltausstellung im
Jahre 1888. Diese Ausstellung brachte ihren 2 ¼ Millionen Be-
suchern den Weltmarkt auf greifbare Weise nahe und stellte ihnen
die Warenpalette der katalanischen Industrie vor.[181] Während das
aufwendige Projekt in der Stadt selbst auf Opposition und Skepsis
gestoßen war, entdeckten die Fremden die Existenz einer Stadt, die
voller Dynamik dabei war, auf kulturellem Gebiet das nachzu-
holen, was ihr bei der Industrialisierung schon gelungen war: zur
Vorreiterin von Entwicklungen auf der iberischen Halbinsel zu
werden. Während man sich bei der Mehrzahl der Ausstellungs-
gebäude an eine pompöse Friedhofsanlage erinnerte, gab es doch
architektonische Schöpfungen, die bemerkenswert waren. Wichtig
war der Ort des Geschehens selbst: der Ciutadella-Park, der von
Josep Fonteserè i Mestres auf dem Gelände einer die Stadt bis 1869
beherrschenden Festung geschaffen worden war. Herausragend aus

der Augenblicksarchitektur der Ausstellung war auf dem Gelände das Gran Hotel von Lluís Domènech i Montaner. Domènech sorgte dafür, daß dieses Hotel mit einer Kapazität von 2000 Betten in wahrhaft amerikanischem Tempo erbaut wurde – mit Hilfe von Fertigbauteilen in 53 Tagen. Man beschäftigte dazu zweitausend Arbeiter – Tag und Nacht, unter dem Licht gleißender Bogenlampen. Im neogotischen Stil gehalten, aber modern in Konstruktion und Technik, nahm das Hotel die künftige Entwicklung der Stadtarchitektur vorweg. Wie auch durch sein Café-Restaurant auf der Ausstellung gab Domènech der neuen, »modernistischen« Architekturrichtung entscheidende Impulse, die im Stadterweiterungsgebiet, der »Ensanche«, bereits sichtbar wurden.

Josep Puig i Cadafalch, einer der kommenden Stararchitekten, meinte rückblickend, daß das Spektakel des Gran Hotel in ihm bereits als Fünfzehnjährigem die »erste Vision eines großen Barcelona« wachgerufen habe. Diese Vision fand im »Modernismo«, der als Kunstrichtung und als Epochenbezeichnung die Stadt und zugleich ihre Wahrnehmung prägen sollte, ihre begriffliche Fassung. Auf dem Gebiet der Architektur war der »Modernismo« weniger ein Vorläufer des Neuen Bauens der zwanziger Jahre als die kreative Variation eines eklektischen Historismus, der die vergangene Größe Kataloniens illustrieren sollte. Andererseits entsprach er durch die formale Ähnlichkeit mit dem Jugendstil den Tendenzen der zeitgenössischen Moderne. Bei Vertretern wie Antoni Gaudí i Cornet nahm dieser katalanische Jugendstil die Gestalt einer expressiven und in organischen Formen schwelgenden »Pfefferhausarchitektur« (Julius Posener) an. Wenn auch Gaudís unvollendetes Lebenswerk, die Kirche »Sagrada Familia«, entfernt an »Jahrmarktsgotik« erinnern mag, wie sich Posener ausdrückt, so war der »Modernismo« insgesamt mehr als eine manierierte Stilrichtung: Es handelte sich um eine breite Bewegung in Kunst und Literatur, die zahlreiche Querverbindungen zur Strömung der »katalanistischen« Erneuerungsbewegung aufwies, welche die katalanische Nation auf kultureller Grundlage und in »Differenz« zur kastilischen Hegemonie neu begründen wollte. Die Architekten des »Modernismo« sollten die Silhouette der Stadt bleibend prägen. Gaudí und Domènech i Montaner begaben sich auf die Suche nach einer Architektur, die gleichzeitig europäisches Bewußtsein und regionale Identität verdeutlichen sollte. Barcelonesische und katalanische Maler fanden in der Aufbruchstimmung, welche die modernistische Bewegung auszeichnete, den Anschluß an die Kunstszene in Paris. Dort lernten sie die Konzepte des Symbolismus und des Naturalismus kennen. Die Erfahrungen dort ermöglichten es ihnen, mit ungewohnten Techniken zu experimentieren und zu einer eigenständigen Bildsprache zu finden. Mit dem »Modernismo« wurde Barcelona neben dem nicht weit entfernten Badeort Sitges außerdem zum Zentrum des symbolistischen Theaters. Hier wurde ein neues Design in Graphik und Typographie erprobt. Neue Impulse erhielt der »Modernismo« noch einmal in den neunziger Jahren durch das Journal Catalonia und 1897 bis 1903 durch die Künstler- und Intellektuellengruppe »Els Quatre Gats«. Diese traf sich im gleichnamigen Café (siehe Abbildung 13), das im frühesten Werk von Puig i Cadafalch in Barcelona, in der Casa Martí, eingerichtet worden war – darunter Picasso, der hier 1900 eine kleine Ausstellung arrangierte.[182]

Nach der Weltausstellung verlieh die modernistische Architektur der Stadt ein Stück ästhetische Geschlossenheit und gab nicht wenigen der Häuserfassaden den phantastisch-verspielten Anschein, der heute als touristische Attraktion gilt. Ohne die »Atmosphäre schrankenlosen Reichtums und hemmungsloser Begeisterung für die Neue Kunst«,[183] die das Barcelona der Jahrhundertwende, wenn auch das einer Minderheit, prägte, hätte die Stadt nicht zum Mittelpunkt der katalanistischen Kulturbewegung werden können. Weltausstellung, Industrie, modernistische Bauten, weitere Expansion, wachsende Kritik am »Modernismo« und seine Ablösung durch rationalistische Kunstrichtungen, schließlich der deutsche Pavillon von Mies van der Rohe auf der zweiten Weltausstellung 1929 und der Funktionalismus, den eine neue, sozialpolitisch engagierte Architektengeneration im Wohnungsbau umzusetzen suchte: dies waren die wichtigen Schritte auf dem Weg zur heutigen Europolis. Was aber zeichnete die bauliche und soziale Realität Barcelonas aus?

13 Innenansicht Quatre Gats (Barcelona)
*Das Lokal »Die vier Katzen« – in Katalanisch der Ausdruck
für »nur einige Leute« – in der Calle Montesión war zwischen
1897 und 1902 ein Treffpunkt der modernistischen Künstler
und Intellektuellen. Nach den Worten eines der Betreiber,
des Malers und Protagonisten der katalanischen Moderne,
Santiago Rusinyol, war hier der »Ort, um die Gebrechen
unseres Jahrhunderts zu kurieren« – ein dekorativ gestaltetes
Lokal, das auch für zahlreiche Ausstellungen genutzt wurde.*

Das Manchester Spaniens?

Friedrich Engels bezeichnete 1871 Barcelona und Umgebung als das »Süd-Lancashire Spaniens«, das durch rege Handelsbeziehungen mit Manchesters Industrie so eng verflochten sei, daß sich Lohnsenkungen in der katalanischen Produktionsregion negativ auf die Löhne der englischen Arbeiter auswirkten.[184] Dieses spanische Lancashire umfaßte jene Teile Kataloniens, die aufgrund ihrer intensiven Landwirtschaft und ihres Netzes an Marktstädten schon vor der Epoche der Urbanisierung und Fabrikindustrialisierung mit der Weltwirtschaft verbunden waren. Bereits im 18. Jahrhundert – darin liegt in der Tat eine Parallele zu Lancashire – nahm in Katalonien die Baumwollverarbeitung ihren Aufschwung. Dies war u. a. auf die Aufhebung des spanischen Baumwollimportverbots im Jahre 1770, auf erweiterte Handelsmöglichkeiten mit den spanischen Kolonien und auf entwickelte kommerzielle Strukturen innerhalb der Region zurückzuführen. Die Napoleonischen Kriege brachten zahlreiche Zerstörungen, und der Zusammenbruch des Kolonialreiches bedeutete den Verlust von Absatzmärkten. Nach 1820 setzte ein erneuter Aufschwung ein: Barcelona und seine mit ihm eng verflochtene Umgebung wurden zur wohlhabendsten und fortschrittlichsten Region in Spanien, das sich zwar ebenfalls industriell zu entwickeln begann, mit dem industriellen Wachstum anderer Länder aber nicht Schritt halten konnte.

1826 waren im Textilgewerbe Barcelonas 20 000 Arbeiterinnen und Arbeiter, d. h. ca. ein Drittel der Aktivbevölkerung beschäftigt. Die erste größere Fabrik »el Vapor« entstand 1832, als ein zeitweiliges Einfuhrverbot für Baumwollprodukte das Monopol für Katalonien sicherte. Ins gleiche Jahr fällt die erstmalige Einführung der Dampfkraft. Die Akkumulation industriellen Kapitals wurde nach 1829 durch die Zulassung von Aktiengesellschaften möglich – es blieb jedoch bei der tragenden Rolle der Familienunternehmen. Die Bank von Barcelona, zentral für die katalanische Industriefinanzierung, wurde 1844 gegründet. So konnte die regionale Baumwollindustrie in den 1830er und 1840er Jahren ihre Boomzeit erleben, deren anhaltendes Gewicht in der Wirtschaft Spaniens aus der Angabe hervorgeht, daß katalanische Aktiengesellschaften 1861 fast ein Drittel des gesamten Kapitals der spanischen Aktiengesellschaften hielten. Allein die »España Industrial« in Barcelona mit 50 Millionen Reales Kapital repräsentierte 13 % des gesamten Kapitalstocks der spanischen Industrie. In Barcelona wurden 1856 32 %, 1918 sogar 35 % des industriellen Steueraufkommens Spaniens erwirtschaftet, während der Anteil der Stadt (1910) an der Bevölkerung nur 5,7 % betrug.[185] Über die zweite Hälfte des 19. Jahrhunderts hinweg war die katalanische Baumwollindustrie bedeutender als die Belgiens, Italiens und der Schweiz.

Tabelle 10: Erwerbstätigkeit in Barcelona, Katalonien und Spanien (in %) [186]

	1877		1920	
	Land-wirtschaft	Industrie/Handwerk	Land-wirtschaft	Industrie/Handwerk
Barcelona	34	37	14	53
Katalonien insgesamt	58	23	35	38
Spanien ohne Katalonien	72	11	66	15

In Barcelona selbst konzentrierte sich ein Gutteil der Produktionskapazitäten, wobei das Spektrum der wirtschaftlichen Aktivitäten weit über die Textilindustrie hinausging. Außerdem fand die Industrialisierung Kataloniens in Fabrikstädten wie Badalona und Mataró, zunehmend auch in ausgesiedelten Spinnereien der engeren Umgebung Barcelonas statt. Soweit sich die vielen kleinen und mittleren Betriebe der Textilindustrie einschließlich der Färbereien und Zuliefererbetriebe in der Stadtregion von Barcelona ansiedelten, konnten sie von niedrigeren Transportkosten profitieren, mußten allerdings höhere Löhne und Energiekosten hinnehmen.

Ein Grundproblem der katalanischen Industrialisierung bestand in der Knappheit an Kapital, die von ausländischen Geldgebern kompensiert werden mußte. Dies wurde nach 1900 beim Aufbau der Stromerzeugung noch einmal klar. Da außerdem die Nachfrage im Agrarland Spanien vergleichsweise gering und aufgrund der Abhängigkeit der Konsumenten von Ernteergebnissen schwankend war, sahen sich die Industriellen Kataloniens dazu gezwungen, auf Handelsschranken für ausländische Industrieprodukte zu setzen und sich immer wieder mit protektionistischen Forderungen an die zuständigen Zentralregierungen zu wenden, die einem solchen Protektionismus wiederum nur phasenweise entgegenkamen.[187] In den Jahren nach 1870 verhärtete sich die protektionistische Mentalität in der Industriebourgeoisie Barcelonas. In der Folgezeit versäumte sie es, mit energischen Schritten den Übergang vom familistischen zum modernen Kapitalismus voranzutreiben, d. h., über die Vereinigung des Kapitals auf familiärer Basis hinaus rationelle Betriebs- und Produktionsformen zu entwickeln. Ein wesentlicher Unterschied zu Lancashire war, einmal abgesehen von der unterschiedlichen wirtschaftspolitischen Konstellation, die bleibende kleinbetriebliche Struktur der Textilindustrie. Noch am Anfang des 20. Jahrhunderts entfielen auf einen Betrieb in der Baumwollindustrie durchschnittlich nur 61 Arbeitnehmer.[188]

Erst in einer späten Phase erfolgte unter Einfluß rückfließenden Kolonialkapitals die überfällige Diversifizierung der Industriestruktur. Neue Produktionszweige wie Chemie, Maschinenindustrie, Bergbau, Eisen und Stahl beschäftigten 1900 knapp 20 %, 1930 dann gut die Hälfte der Industriearbeiter. 1887 bis 1900 wuchs die Industrieproduktion Kataloniens um 37 %, danach bis 1920, zusätzlich getragen von der Weltkriegskonjunktur, um weitere 85 %. 1920 war in Barcelona die Textilindustrie mit 31,3 % Anteil an der industriellen Wertschöpfung immer noch die wichtigste Branche, gefolgt von der Maschinen- und Metallindustrie, der Chemie und der Stromerzeugung mit Anteilen von 15,5 %, 12,2 % und 11 %.[189] Die größte Produktionsstätte in der Metallindustrie Barcelonas war die »Maquinista Terrestre y Marítima«, in der Lokomotiven und Maschinen hergestellt wurden. Wichtig für den Arbeitsmarkt war außerdem die Baubranche – vor allem, was die Beschäftigung von Arbeitsimmigranten betraf –; zu ihr gehörten Steinbrüche am Montjuïc und Betriebe der Gebrauchskeramik.[190]

Mit der Industrialisierung und der Ausweitung der katalanischen Textilindustrie ging ein Aufschwung des Hafens von Barcelona einher. Barcelona übernahm die Funktionen, die sich in Lancashire Manchester und Liverpool miteinander teilten. Der Import von

Rohbaumwolle in Barcelona stieg von 4000 Tonnen 1842 auf 25 000 1856/61; danach weiter auf 83 000 Tonnen 1899 und 126 000 Tonnen im Jahr 1915, als die gesamte spanische Industrie vom Weltkrieg zu profitieren begann. Der spanische Fiskus erzielte hier 1907 nicht weniger als 41 % der spanischen Zolleinnahmen. In den ersten Jahrzehnten unseres Jahrhunderts übertraf die Bedeutung des Hafens von Barcelona die des Genueser und reichte an die des Marseiller Hafens heran.[191]

Gehörte der Hafen zu den Aktivposten Barcelonas, so wies sein Bankensystem erhebliche Schwächen aus. Bis zum Bankenkrach von 1866 war ein großer Teil des verfügbaren Kapitals in die Spekulation mit Eisenbahnaktien geflossen. Nach einer insgesamt positiven Entwicklungsphase, die allerdings von Bankenzusammenbrüchen zwischen 1882 und 1889 unterbrochen wurde, ging die Kapitalausstattung der einheimischen Banken zwischen 1898 und 1914 kontinuierlich zurück. Die Industriefinanzierung wurde seitdem von der konkurrierenden Banco de España und von ausländischen Banken abhängig.[192] Während 1876 bis etwa 1900 Barcelona noch das führende unter den drei Bankenzentren in Spanien war, verloren seine Banken danach ihren Einfluß auf dem nationalen Finanzmarkt, während ihr Engagement im einheimischen Industriegeschäft wuchs.

Demographisches Wachstum und soziale Struktur

Durch die Napoleonischen Kriege unterbrochen, setzte sich das bereits im 18. Jahrhundert beginnende demographische Wachstum Barcelonas seit den 1830er Jahren in verstärktem Tempo fort. Es beruhte aufgrund des anhaltend hohen Mortalitätsüberschusses fast ausschließlich auf der positiven Zuwanderungsbilanz. Ein reicher Bürger hatte um 1850 nur eine Lebenserwartung von 36 Jahren, ein Tagelöhner von unglaublichen 23 Jahren; das waren Werte, die noch ungünstiger als die Manchesters lagen, obwohl dieses stärker industrialisiert war. Der Hauptgrund für die extreme Übersterblichkeit muß in der engen Zusammendrängung der arbeitenden Bevölkerung in Werkstätten und Wohnungen und in der allgemeinen Pathogenität der städtischen Umwelt gesucht werden. Auch später lag die Sterblichkeitsrate nicht eben günstig, allerdings niedriger als in anderen spanischen Großstädten: 1900 bei 25,7 Promille im Vergleich zu Madrid mit 32,4 Promille und Valencia mit 27,2 Promille.[193]

Tabelle 11: Einwohnerentwicklung von Barcelona und Katalonien[194]

	Barcelona	Katalonien
1717	34005	406274
1787	111410	814000
1834	133545	1041222
1857	188787	1673842
1877	248943	1752033
1887	272481	1843590
1900	533000	1942245
1910	595732	2394577
1920	710335	2659033
1930	1005565	3120179
1950	1280179	3544984
1975	1754714	6045257

Anfang des 20. Jahrhunderts war Barcelona eine Fabrikstadt, aber zugleich eine Handels- und Dienstleistungsstadt. Zur aktiven Bevölkerung gehörten nicht nur 55000 Arbeiterinnen und Arbeiter in der Textil- und Konfektionsindustrie, sondern auch 22000 Beschäftigte im Bausektor, 13000 im Transportwesen, 10000 in der Metall- und Maschinenindustrie. Außerdem gab es die traditionellen Handwerker vom Klavierbauer bis zum Drucker, dazu die Beschäftigten im Handel (38000), im öffentlichen Dienst (12000) sowie im privaten Dienstleistungssektor (24000).[195] Es gab Großfabriken wie die »L'Éspaña Industrial« mit mehr als 2000 Beschäftigten oder die erwähnte Maschinenfabrik »Maquinista Terrestre«, aber typischer waren die kleinen und mittleren Werkstätten in der Altstadt oder den Quartieren des Llano. Lohnarbeit fand auch auf den Straßen selbst statt, besonders in der Altstadt, wo man Stuhlflechter, Lumpensammler und Barbiere bei ihrer Arbeit sah.

Die Industrie, die Bauwirtschaft und der Dienstleistungsbereich erwiesen sich als die Magnete für Hunderttausende von ländlichen Zuwanderern, die zu einem beträchtlichen Teil aus Katalonien selbst stammten. Bereits 1877 waren 40 % der Bevölkerung nicht in der Stadt selbst geboren. Diese Zahl änderte sich bis zur Jahrhundertwende kaum, stieg aber bis 1920 auf 53 %. Aus Katalonien stammten 1877 schätzungsweise $\frac{1}{3}$, 1920 $\frac{2}{5}$ der Zuwanderer. Einen ersten Sprung in der Bevölkerungsentwicklung verzeichnete Barcelona in den letzten beiden Jahrzehnten des 19. Jahrhunderts, als sich die Stadt fast verdoppelte. Danach flaute der Zustrom vorübergehend etwas ab. 1910 bis 1930 verdoppelte sich die Bevölkerung Barcelonas erneut. Barcelona war nun eine Millionenstadt – nicht eingerechnet die illegalen Einwohner, die sich aus steuerlichen Gründen nicht hatten registrieren lassen und die man über Plakate dazu aufforderte, sich anzumelden.

Unter den Zuwanderern befand sich demnach – neben den Immigranten aus der benachbarten Provinz Valencia und aus Andalusien – ein anhaltend großes Kontingent katalanischer Zuwanderer, und unter diesen waren Facharbeiter stärker als in den anderen Einwanderergruppen vertreten. Einheimische waren bei White-collar-Berufen ganz deutlich überrepräsentiert. Dies verweist auf besondere Adaptionschancen der katalanischen Sprachangehörigen, da der Gebrauch des Kastilischen bei der Bevölkerungsmehrheit völlig unüblich war. Andererseits wäre es aber falsch, in der Masse der »Miserables«, der ungelernten Arbeiter und Arbeiterinnen sowie der Dauerarbeitslosen, wie sie sich seit der zweiten Hälfte des 19. Jahrhunderts ständig in der Stadt aufhielten, allein Immigranten nichtkatalanischer Herkunft zu vermuten.

Die Modernität der sozialen Struktur Barcelonas im Vergleich zu den übrigen spanischen Großstädten ergab sich nicht nur aus dem großen Anteil an Industriebeschäftigten, sondern auch aus der hohen Zahl freiberuflich Tätiger. Zusammen mit den traditionellen Schichten der Kleinhändler und Handwerker, der »Menestralia«,

wurden diese »Pixatinters« (Tintenkleckser) zunehmend einer heterogenen »Classe mitjana« (Mittelschicht) zugerechnet.[196] Noch charakteristischer erscheint für die Sozialgeschichte der Stadt das
Wachsen der Industriebourgeoisie. Seit dem frühen 19. Jahrhundert
etablierte sich eine abgehobene industrielle Oligarchie, die – wie das
der Begriff des familistischen Kapitalismus schon andeutete – Familienunternehmen und familiäre Kapitalgesellschaften beherrschte.
Ihre allerersten Vertreter kamen vielfach aus niedrigen Rängen,
d. h., sie hatten etwa als Handwerker und Mechaniker begonnen. Es
handelte sich um eine »bourgeoisie conquérante«, die es verstand
– und das unterscheidet Katalonien vom Rest Spaniens –, Teile des
katalanischen Adels zu sich hinüberzuziehen. Für wirtschaftlichen
Aktivismus und eine individualistische Wirtschaftsgesinnung bot
die katalanische Gesellschaft schon vor der Industrialisierung vergleichsweise weite Spielräume. Es gab, vor allem im Norden Kataloniens, freie und landbesitzende Bauern, die »Pagesia«, bei denen
marktwirtschaftliche Einstellungen ebenso verbreitet waren wie in
der »Menestralia« der Landstädte. Ein quasipuritanisches Arbeits-
ethos war in Katalonien weit verbreitet, wenn auch seine in England
zu beobachtende religiöse Aufladung fehlte. Diese kulturellen Voraussetzungen für die Durchsetzung des Industriekapitalismus sind
in mancherlei Beziehung mit den Verhältnissen in der Lombardei
und dem Piemont vergleichbar und kontrastieren deutlich zu denen
in den spanischen Nachbarregionen.

Die entstehende moderne Industriebourgeoisie förderte die Entwicklung der regionalen Infrastrukturen in Katalonien und begründete Einrichtungen für die technische Bildung. Ihre ökonomischen Interessen nahm sie zunächst über die »Junta de Fabricas«,
dann durch das »Instituto Industrial de Catalunya« wahr, das sich
1848 konstituierte. Katalonien, das mit seinem Zentrum Barcelona
zur bedeutendsten Industrieregion Spaniens wurde, war ein staatlicher Rahmen gesetzt, der ihre Entwicklung in verschiedener Weise
behinderte, durch den aber zugleich der Absatz der katalanischen
Industrieprodukte in Spanien garantiert wurde. Trotz seiner
Empörung über die Unterdrückung zivilisatorischer Errungenschaften und einer antiliberalen Kultur- und Rechtspolitik wollte es
das industrielle Bürgertum nie auf einen Bruch mit Madrid ankom-

men lassen. Der Kampf um Schutzzölle wurde zum zentralen Thema, bei dem es bis in die achtziger Jahre gelang, auch die Unterstützung größerer Gruppen der Arbeiterschaft zu gewinnen.[197]

Für die Sozialgeschichte des industriellen Bürgertums ist außerdem wichtig, daß es sich intern differenzierte. Eine Führungsschicht sonderte sich ab, heiratete untereinander und übernahm schließlich aristokratische Lebensformen. Im Konzentrationsprozeß von Handel, Landspekulation und industriellen Aktivitäten bildeten sich zwanzig bis dreißig sogenannte »gute« Familien heraus.[198] In deren Händen vereinigten sich die politische und wirtschaftliche Macht, später auch die Pfründen, Adels- und Ehrentitel. Die führenden Familien des Industriebürgertums wuchsen so in die Rolle einer Stadtaristokratie hinein. Ihre Macht gründete sich darauf, die industriellen Unternehmen zu kontrollieren: 1890/95 verfügten allein fünf Fabrikantenfamilien über 50 % der Baumwollproduktion. Diese Machtgruppe teilte sich – zusammen mit dem etablierten Landadel Kataloniens – die Direktorenposten in der sogenannten Kasse der Marqueses, der Spar- und Leihkasse Barcelonas, wo die Einlagen von kleineren Geschäftsleuten und Kleinsparern gesammelt wurden und über die erheblicher gesellschaftlicher und politischer Einfluß ausgeübt werden konnte. Die neue Unternehmeraristokratie gewann in dem Maße an Distinktion, in dem sie sich untereinander versippte und einen vom Rest der Bevölkerung abgehobenen Kulturstil entwickelte. Zu diesem gehörte die Mehrsprachigkeit – die Frauen der guten Familien sprachen häufig nur Kastilisch und Französisch, die Männer im Geschäftsleben auch Katalanisch. Den Heranwachsenden vermittelte man die Etikette mittels spezieller Handbücher, der »Manuales de Urbanidad«. Man war selbst nicht unbedingt religiös, aber hielt Religion für andere und als Element sozialer Stabilität doch für nützlich, zumal sich die Arbeiterschaft säkularisierte.

Für die beschriebenen Vorgänge stehen Namen wie Girona, Güell, Ferrer y Vidal oder Serra, obwohl sich einige Vertreter der führenden Familien wie Manuel Giruno und Evaristo Arnús weigerten, formell einen Adelstitel anzunehmen. Exemplarisch für die Herausbildung dieser Führungsschicht ist die Geschichte der Familie Güell: Joan Güell Ferrer (1800-1872), Gründer der Dynastie, ein Selfmademan, erwarb sein erstes Vermögen in Kuba und gelangte 1836 nach Barcelona. Vorher hatte er Reisen in die USA und ins nördliche Europa dazu genutzt, sich einen Überblick über industrielle Innovationen zu verschaffen. Seine 1848 im Vorort Sants eröffnete Baumwollfabrik enthielt die damals modernste Technologie. Güell heiratete 1844 die Bankierstochter Francisca Bacigalupi, stieg bald in weitere Firmen ein, ging in den Vorstand der Banca de Barcelona, vertrat in Madrid als Lobbyist die katalanische Industrie, initiierte das schon erwähnte Instituto Industrial de Catalunya, das sich gegen den Freihandel hervortat – und hinterließ bei seinem Tod ein Vermögen von sieben Millionen Peseten. Sein erstgeborener Sohn, Eusebio Güell (1846-1918), übernahm zwei Drittel des väterlichen Vermögens, führte dessen industrielle Aktivitäten fort, weitete Vermögen und Aktivitäten aus und ehelichte Isabel Lopéz í Bru, Tochter des Finanziers und Großkaufmanns Antonio Lopéz y Lopéz. Als Lopéz seine Aktivitäten in der Form von Kapitalgesellschaften neu organisierte, übernahm sein Schwiegersohn in jeder von ihnen Anteile und wurde deren Geschäftsführer. Da der Sohn Lopéz' starb, konnten die Güells den Besitz übernehmen. Ihre große Textilfabrik wurde 1891 vor die Stadt verlegt. Dort errichtete Güell um sie herum eine geschlossene Arbeitersiedlung mit Schulen, Krankenhäusern und einer von Gaudí geplanten Kirche. 1910 wurde Güell, inzwischen der große Förderer Gaudís, zum Grafen erhoben.

Auf der Gegenseite bildete sich, über Jahrzehnte hinweg, eine politisierte Arbeiterklasse. Barcelona war eine Stadt der sozialen Konflikte: Nach Friedrich Engels wies Barcelona im Laufe seiner Geschichte »mehr Barrikadenschlachten auf [...] als irgendeine andere Stadt der Welt«.[199] Doch nicht nur Militanz und Bereitschaft zu Gewaltanwendung wuchsen in den letzten Jahrzehnten des 19. Jahrhunderts im Arbeitermilieu der Stadt. Das Barcelona der Arbeiter bestand aus einem regelrechten Netzwerk von kulturellen und politischen Einrichtungen. Das Spektrum reichte von katalanischen Wanderclubs und Arbeiterchören bis zu den Selbsthilfeeinrichtungen, Kooperativen der Arbeiterschaft und den republikanischen Clubs, in denen ebenfalls viele Arbeiter Mitglied waren. Dem Restaurationssystem nach 1875 gelang es nicht, die – noch sehr gemäßigt auftretenden – republikanischen und internationalistischen Traditionen in Barcelona auszuschalten, bis dann nach 1900 der radikale »Lerrouxismus« die politische Bühne der Stadt betrat. Die Generalstreiks von 1890 und von 1902, gerade weil sie kein rein industrielles Phänomen waren, verweisen bereits auf die »tragische Woche« im Juli 1909, als Aktionen gegen die imperialistischen Abenteuer in Marokko so eskalierten, daß achtzig kirchliche Gebäude in Flammen aufgingen. Bei diesem Ausbruch der Volksmenge verband sich der latente Antiklerikalismus mit antimilitaristischen Strömungen. Er wurde in einer Stadt manifest, in der die Kirche sichtlich einen Machtfaktor darstellte: Sie galt als Instrument der Reichen, sie beherrschte das Schulwesen, sie trat mit eigenen Werkstätten zu Kleinproduzenten und Näherinnen in Konkurrenz, die sich wiederum beim Sturm auf die Kirchen hervortaten. Auf die Ausschreitungen reagierten Behörden und Justiz mit äußerster Härte, was die Gewaltbereitschaft in der Gesellschaft schürte. Obwohl Barcelona am Ende des 19. Jahrhunderts zum Schauplatz anarchistischen Terrors wurde, neigte die Arbeiterschaft nicht zum terroristischen Anarchismus, sondern zum revolutionären Syndikalismus. Seit 1911 war Barcelona der Hauptsitz der CNT, der »Confederacíon Nacional del Trabajo«. Autonomistische und katalanistische Strömungen verbanden sich mit den Erfahrungen der großen Streikbewegungen, in welchen bislang zurückhaltende und auf konkrete Ziele verpflichtete Gewerkschafter politisiert wurden. Zwischen 1910 und 1923 registrierte man 800 Streiks in der Stadt.

Lastende Dichte

Barcelona, schon im Mittelalter eine führende Handelsstadt, war seit dem 13. Jahrhundert von einer Stadtmauer umgeben. Bis ins 19. Jahrhundert wurde sie kaum über das »Barri Gòtic« in der heutigen Altstadt hinaus erweitert.[200] Einzige Ausnahme im 18. Jahrhundert war der Bau von Barceloneta, einem Viertel mit rechtwinkligen, schmalen Straßen und damals noch einstöckigen Häusern. Analog zum Bevölkerungswachstum nahm die Bautätigkeit in der von mittelalterlichen Stadtmauern und Festungsanlagen eingeschlossenen Stadt seit dem frühen 19. Jahrhundert zu. Sie wuchs in die Höhe, sämtliche Freiflächen wurden überbaut, und in den Wohnungen drängten sich immer mehr Menschen. So wuchs die Dichte der Bevölkerung von 148 Personen je Hektar im Jahr 1718 auf 859 Personen pro Hektar im Jahr 1859. Das bedeutet, daß in diesem Jahr auf jeden Einwohner durchschnittlich 11,4 m^2 Grundfläche entfielen.

Erste Anzeichen von Stadtfluchtbewegungen wohlhabenderer Bürger zeigten sich im frühen 19. Jahrhundert daran, daß kleine vorstädtische Streusiedlungen wie »La Salut« vor den Stadtmauern entstanden. Zu dieser Distanzierung gaben die ständigen Epidemien den Anlaß: 1821 verzeichnete man bei einer Gelbfieberepidemie 8821 Tote, was die Anlage des Ostfriedhofs »El Vell« nötig machte. 1834 forderte die Cholera 3344 Opfer. Die Altstadtstraßen, die offenen Kloaken ähnelten, verschwanden zwar durch stadthygienische Maßnahmen, aber die Infektionen kamen über das Trinkwasser, das direkt dem Fluß Rec Comtal entnommen wurde.

In der Mitte des 19. Jahrhunderts begann man öffentlich über die Unerträglichkeit des Lebens und die Gesundheitsgefährdung in der verdichteten, vom Militär geradezu gefangengehaltenen Stadt zu diskutieren. Die Streitschrift des katalanistischen Publizisten Felip Monlan, »Nieder mit den Stadtmauern«, in der die hygienischen Aspekte und die notwendige Aussiedlung von Gewerbebetrieben im Mittelpunkt standen, erhielt den ersten Preis eines von der Stadtverwaltung ausgeschriebenen Wettbewerbs. »Abajo las Murallos« mußte im übrigen auch deswegen eine populäre Losung sein, weil die Mauern Symbol für die Beherrschung der Stadt durch das spanische Militär waren. Erweiterungspläne zur Verlegung der Festungsanlagen, die im frühen 19. Jahrhundert gelegentlich auftauchten, scheiterten. Da jedoch militärtechnische Entwicklungen die Festungsanlagen immer wertloser machten, konnte das Militär schließlich auf sie verzichten. Ein erster konkreter Schritt zur baulichen Expansion war der Abbruch der Befestigungen von 1854 an,

14 Calle de las Donzelles / Altstadt von Barcelona
Diese Straße war typisch für die Verhältnisse in der ummauerten, überfüllten
Altstadt von Barcelona. Die Gasse verschwand wie viele andere Gebäude mit dem
gewaltigen Durchbruch der Vía Laietana, die seit 1907 eine erste direkte Verbindung vom Hafen bis zur Eixample schuf.

nachdem wieder einmal eine schwere Choleraepidemie gewütet hatte, bei der 6419 Einwohner starben.

Die Erweiterung der Stadt, die mit dem Mauerabbruch in Angriff genommen wurde, kam zu einem Zeitpunkt, als das Bürgertum die Wohndichte in der Altstadt als unerträglich zu empfinden begann, und sie beruhte auf einer neuen Koalition von bürgerlichen Sozialreformern, von Industriellen und von Finanziers.

Als öffentliches Unternehmen der Stadtgemeinde geplant, fehlten zur Durchführung eines derart weitreichenden Vorhabens elementare gesetzliche Voraussetzungen, besonders was den Erwerb von Straßen und Plätzen betraf. Zwar mußten eine einheitliche Gesamtordnung angestrebt und von der Stadtgemeinde infrastrukturelle Vorleistungen erbracht werden, doch geschah die eigentliche Bebauung auf privatwirtschaftlichem Weg. Damit kam auf die Stadt die zusätzliche Aufgabe zu, zwischen einer Vielzahl von Bauinteressenten zu vermitteln. Das Projekt der Stadterweiterung muß außerdem vor dem Hintergrund des Strukturgegensatzes zwischen Zentralregierung und lokaler Selbstverwaltung in Barcelona gesehen werden. Als schließlich der Ingenieur Ildefons Cerdà í Sunyer von der Zentralregierung 1859 damit beauftragt wurde, stellte sich ihm ein lokales Alternativprojekt entgegen, weil die Kommune den Eingriff in die städtische Selbstverwaltung nicht hinnehmen wollte. Auch bestanden bei einigen Gruppen in der Stadt andere Vorstellungen über die Form der Stadterweiterung. Traditionalistische Kräfte wünschten eine repräsentative Stadt, Cerdà entwickelte dagegen ein rigoroses rationalistisches Konzept. Auf Widerstände stieß sein Plan auch bei der sich zuständig fühlenden Architektenkammer, die die Arbeit eines Ingenieurs nicht anerkennen wollte. Weitere Widerstände gab es, weil Cerdà zunächst eine starke finanzielle Beteiligung der Grundstückseigner bei den Erschließungskosten vorgesehen hatte.

Die Eixample – die katalanische Bezeichnung für das Erweiterungsgebiet –, die 1860 Gestalt annahm, wurde von Cerdà auf einer Fläche von 20 km^2 – zehnmal so groß wie der bisherige Stadtraum – und für 800 000 Einwohner geplant. Das dafür vorgesehene Gebiet wies den entscheidenden Vorteil auf, praktisch frei von Hindernissen zu sein. Die städtebauliche Konzeption Cerdàs war aus-

15 Calle de Balmes / Eixample (Barcelona)
Die Abbildung zeigt den Beginn der Calle de Balmes im Stadterweiterungsgebiet der
»Ensanche« (katalanisch »Eixample«), der größten städtischen Neuanlage des
19. Jahrhunderts in Europa. Man wohnte hier in einem auch nach europäischen
Maßstäben »modischen« Viertel. Trotz zunehmender Überbauung gewann das Viertel
eine hervorragende städtebauliche Qualität.

greifender als die Haussmanns in Paris, und sie trug eigenständige Züge, wenn dies auch erst in der neueren Städtebaugeschichte realisiert worden ist. Es ging Cerdà um die Errichtung einer neuen Stadt: um Wohnraum für alle, darum, für alle Bevölkerungsschichten den gleichen Anteil am Stadtraum zu sichern und den gleichen Zugang zu Dienstleistungsangeboten und zum Transportsystem zu garantieren. Jeder Teil der Stadt sollte die gleiche Organisation aufweisen und dadurch die Entstehung »guter« und »schlechter« Stadtviertel vermieden werden. Cerdà legte der zu erschließenden Fläche ein Raster auf, das die theoretisch unbegrenzte Reihung von Blöcken einheitlichen Formats vorsah. Innovativ an Cerdàs Plan waren die abgeschnittenen Quartiersecken: jede Straßenkreuzung hat bei ihm den Charakter eines achteckigen Platzes mit einer Seitenlänge von zwanzig Metern. Die heute noch auffälligen Straßenecken sollten als Treffpunkte und als Platz für Geschäfte dienen. Radikal und unkonventionell, aber auch völlig unrealistisch war die hygienisch begründete Vorstellung Cerdàs, daß die Viertel nur an zwei Seiten bebaut werden sollten und nur mit Häuserreihen, deren Tiefe nicht mehr als zwanzig bis vierundzwanzig Meter betragen sollte. Zwei Drittel der Baublöcke waren für Gärten vorgesehen.[201]

Von Cerdàs Plan wurden der südwestliche Teil und die Hauptstraßen realisiert, darunter die auffällige »Avinguda diagonal«. Man folgte seiner Einteilung der Quartiere und der Straßenführung. Im Eixample entstanden zunächst vorwiegend Einfamilienhäuser und Villen. Das erste fertiggestellte Gebäude war das Einfamilienhaus des vermögenden Manuel Gibert, der sich schon bei der Gründung des Liceu hervorgetan hatte. Daß er sich im noch unbebauten neuen Stadtteil niederließ, sicherte ihm den Ruf, modern und zukunftsorientiert zu sein. Sein Architekt Josep Oriol Mestres i Esplugas baute dieses Haus im Tudorstil. Als zweites gilt das vierstöckige Haus Doktor Mendozas an der Ecke Provença/Balmes, der dort ebenfalls selbst einzog und drei Stockwerke vermietete. Mendoza beklagte sich bald, er habe zahlreiche Patienten verloren, weil ihnen der neue Stadtteil zu unvertraut sei. Zunächst fehlte es noch an jeglichen Verkehrsmitteln, und auf den bereits fertiggestellten Straßen waren keine Menschen zu sehen. Mendoza behalf sich

16 Casa Sayrach / Eixample (Barcelona)
Die Casa Sayrach am Diagonal, der lang auslaufenden Durchgangsstraße, ist ein
spätes Beispiel der modernistischen Stadtarchitektur. Es zeigt mit einem Eckturm
und »organischer« Dachlandschaft zwei bezeichnende Gestaltungsmerkmale.

damit, auf den Rückseiten seiner Visitenkarten eine Landkarte abzudrucken.[202]

Bei der Eixample handelte es sich um die größte städtische Neuanlage des 19. Jahrhunderts in Europa. Nachdem der Ausbruch aus der städtischen Enge erfolgt und die Anfangsschwierigkeiten bewältigt waren, eröffnete der neue Expansionsraum höchst attraktive finanzielle Anreize. Antonio López und Güell stiegen mittels der von ihnen kontrollierten »Banco Hispano Colonial« in die Grundstücksspekulation und den Häuserbau im Eixample ein. Der Kapitalzufluß nach Barcelona durch reiche Rückkehrer aus den Kolonien und die Gelderlöse, die wohlhabende Familien vom Land beim Verkauf ihrer Besitzungen erzielten, trieben die Bautätigkeit ständig an. Durch das Leben im Erweiterungsgebiet entzog man sich den unbeschreiblichen hygienischen Verhältnissen in der Altstadt, dem fehlenden Straßenpflaster, den Sturzbächen, die sich nach Regenfällen in die Straßen ergossen, und man wohnte in einem nach europäischen Maßstäben »modischen« Viertel, wenn auch in der Realität lange Zeit nur die Gràcia-Promenade einigen urbanen Glanz aufwies. Wie sich 1865 zeigte, lebten von den 3 817 Opfern einer erneuten Choleraepidemie nur 52 in der Eixample. Dies erschien als Triumph der Ideen Cerdàs.

Mit zunehmender Überbauung gewann das Viertel trotz seiner schematischen Gesamtanlage eine hervorragende städtebauliche Qualität. Markierungszeichen wurden darin die Eckhäuser, die in die Höhe wuchsen, während das Innere der Baublöcke weitgehend frei blieb, um Licht und Luft hereinzulassen. Die Gestaltung der Fassaden geschah nach 1880 unter dem Vorzeichen des »Modernismo«. Durch die Flächenexpansion verringerte sich die durchschnittliche Wohndichte in Barcelona im Vergleich zu Madrid, Valencia und Sevilla mit 355 Einwohnern pro Hektar (1926) deutlich. Die Altstadt war jedoch immer noch fast so dicht mit Bevölkerung besetzt wie zu Anfang des 19. Jahrhunderts: In der südwestlichen Altstadthälfte lebten bis zu 800 Menschen je Hektar, in der Ensanche bis zu 400 pro Hektar.[203] Letzteres war ungefähr das Doppelte des ursprünglichen Zielwertes: Das Erweiterungsgebiet war wegen fehlender politischer Kontrolle und des wachsenden Bevölkerungsdrucks wesentlich stärker überbaut worden, als Cerdà sich vorgestellt hatte. Sobald es an die praktische Planung ging, wurde festgelegt, daß entgegen Cerdàs Vorstellungen nicht zwei Drittel, sondern nur die Hälfte der Baublöcke freigehalten werden müsse. Die Madrider Regierung genehmigte schon 1859 die dreiseitige Überbauung. 1868 wurde eine Ausnutzung des Bodens von 70% bis 80% zugelassen. Nach einer neuen Verordnung von 1891 durfte höher als bislang gebaut werden, und ein Teil der niedrigen und einfachen Häuser der ersten Eixample-Phase wurde durch aufwendigere Bauten ersetzt.[204] Die vorgesehenen Parkanlagen kamen nicht zustande, sieht man vom Parc de la Ciutadella ab, und die dazu ursprünglich vorgesehenen Plätze wurden überbaut, z. B. durch die »Hospital Clínic« und die »Estació del Nord«.

Die von Cerdà vorgesehene Verteilung von Schulen, Marktplätzen und Versorgungseinrichtungen nach einheitlichen Gesichtspunkten erwies sich ebenfalls als Utopie. Die Stadt weitete sich nicht allein in die geplante Richtung, sondern mehr noch nach Westen aus und folgte der Achse des Passeig de Gràcia, der neuen repräsentativen Prachtstraße. In der Altstadt wurden die von Cerdà vorgesehenen und erneut 1889 vom Stadtarchitekten Angel Josep Baixeras projektierten Straßendurchbrüche durch den Widerstand der Grundstücksbesitzer verhindert; man erinnerte sich inzwischen der kulturhistorischen Werte, die bei solchen Regulierungen verlorengehen mußten. Nur die Vía Laíetana wurde als eine der geplanten Verkehrsachsen realisiert. Nach der Jahrhundertwende entstanden Arbeiterquartiere in den Randbezirken und im weiträumigen Industriegebiet hinter der Ciutadella und dem Bahnhof Estació de França. Das hier entstehende »Poble Nou« wurde als das »katalanische Manchester« bekannt.[205] Jenseits der Ensanche, soweit sie realisiert wurde, bildete sich ein äußerer Industrie- und Arbeitervorortring heraus, nachdem sich neue Wohngebiete über früher entstandene Arbeiter- und Industriebezirke hinausgeschoben hatten. Die Stadt wuchs fortan in polyzentrischer Weise. Nicht nur die Bevölkerung der Stadterweiterung explodierte, sondern auch die der eingemeindeten Ortsteile. Die Agglomerationsbildung, die nach dem Zweiten Weltkrieg zu chaotischen Siedlungsstrukturen führte, nahm hier bereits ihren Anfang. Das Problem der Industriesiedlung war bei Cerdà ebenso unerkannt geblieben wie das der Integration von Vororten in den Raum der Gesamtstadt.

Obwohl exakte Vergleiche mit anderen Städten nicht möglich sind, läßt sich sagen, daß die räumliche Separierung sozialer Schichten und Gruppen in Barcelona erst relativ spät und nur in begrenztem Ausmaß stattfand. Dies hatte sicherlich mit der verzögerten Ausweitung des Stadtgebiets zu tun. Auch gegen Ende des 19. Jahrhunderts gewinnt man noch den Eindruck, daß das Ausmaß der Separierung im Stadtgebiet begrenzt und verschiedene Stadtviertel von einer eher gemischten Bevölkerung bewohnt waren. Die soziale Trennung vollzog sich nach Stockwerken, ähnlich wie in St. Petersburg. »Dabei wohnten die ärmsten Mieter [...] ganz oben im ›sobreàtic‹ [...]. Sozialer Aufstieg bedeutete weniger Treppenstufen und konnte durch den Wechsel in niedere Stockwerke auch demonstriert werden.«[206]

1897, als die Bevölkerungszahl der Stadt durch die Eingemeindung verschiedener Vorstädte sprunghaft angestiegen war, wurde die Stadt in zehn Verwaltungsbezirke eingeteilt. Weil dabei keine Rücksicht auf traditionelle Viertelgrenzen genommen wurde, sind Aussagen über die soziale Zusammensetzung dieser Bezirke nur von begrenztem Wert. Immerhin zeigt sich aber, daß bestimmte Stadtgebiete proletarisch geprägt waren. Dies gilt vor allem für das Viertel Sant Martí, in dem Aragonesen und Valenzianer lebten, und das Quartier »El Poblet«, wo Arbeiterbauern wohnten, die dort an der Stadtperipherie kleine Felder bewirtschafteten und in selbstgebauten Behausungen wohnten. Auch bestimmte Viertel im Distrikt VII, das von der Stadt eingeholte Sants, Hostafrancs und La Bordeta sowie die Umgebungen der großen Textilfabriken wiesen einen hohen Anteil an Arbeiterbevölkerung auf. Hostafrancs hatte außerdem einen hohen Prozentsatz an subproletarischer Bevölkerung. Bettler, Lumpensammler und Kleinkriminelle waren dorthin vertrieben worden, weil man den von ihnen bislang eingenommenen Raum am Montjuïc für die Weltausstellung benötigt hatte.[207] Im V. Bezirk gab es sowohl ein ausgesprochenes Rotlichtviertel als auch Arbeitergebiete (Sant Pau, La Presó, Les Hortes) und kleinbürgerliche Wohn- und Geschäftsstraßen. Gemischt war auch der II. Distrikt. Im Eixample überwogen bis in die achtziger Jahre Aristokratie und wohlhabende Kaufmannschaft, danach war es eher kleinbürgerlich geprägt. Schließlich ließen sich dort nach 1915 Massen proletarischer Zuwanderer nieder, für die das Gebiet durch die Nähe zu Hafen und Bahnhof attraktiv war. Im eingemeindeten Gràcia lebten Kleinunternehmer und Arbeiter, die hier in den vielen kleinen Fabriken und Werkstätten beschäftigt waren, eng zusammen. Die geringen Unterschiede in den Sterblichkeitsniveaus einzelner Stadtgebiete deuten ebenfalls darauf hin, daß man von ausgeprägter sozialer Segregation in Barcelona im Unterschied zu Madrid nicht sprechen kann. Seit dem frühen 20. Jahrhundert vermehrte sich allerdings die Exklusivität bestimmter Stadträume. Unterschichten blieben in der überfüllten Altstadt zurück oder konzentrierten sich in den Fabriksiedlungen am Stadtrand, während im Nordosten der Park Güell als privilegierter Gartenvorort entstand, nachdem dieses Gebiet durch die Automobilisierung zugänglich geworden war. Die Oberschicht begann, sich aus den in der Ebene gelegenen Stadtgebieten zurückzuziehen und auf die umliegenden Hügel auszuweichen. Erst jetzt zeichnete sich das Muster sozialräumlicher Differenzierung ab, wie es in Manchester bereits einige Jahrzehnte zuvor entwickelt war.

Die Tage werden länger: Gasbeleuchtung

Die Verbreitung der Gasbeleuchtung schuf in den Großstädten des 19. Jahrhunderts neue Entfaltungsmöglichkeiten für ein urbanes Leben.[208] Die Straßen wurden sicherer und belebten sich an den Abenden. Das Warenangebot konnte in neuer Weise präsentiert werden. Die moderne Metropole war seitdem ohne die reichliche Beleuchtung von Boulevards und Schaufenstern, welche einen eigenen Binnenlichtraum schufen, nicht mehr denkbar. Das Gaslicht hatte drei entscheidende Vorzüge gegenüber den bisherigen Lichtquellen: Es war, neben seiner für die damalige Wahrnehmung blendenden Lichtstärke, gleichförmig, und es war regulierbar. Andererseits galt es als unsicher, und die Gasflammen führten in geschlossenen Räumen zu unerträglichen Temperaturen. Die Gasbeleuchtung breitete sich zuerst im frühen 19. Jahrhundert in England aus. Langsamer verlief die Entwicklung auf dem Kontinent. In Paris wurde sie erst in den 1840ern installiert. In die Wohnungen selbst drang das Gaslicht nur begrenzt vor. Vielfach nutzte man es nur in den Wirtschaftsräumen, nicht aber in den »guten Stuben« und Salons. Die sollten vornehmerer und dezenterer Beleuchtung vorbehalten bleiben, zumal das Leuchtgas die unangenehme Eigenschaft besaß, Tapeten, Bilder und Vorhänge durch Schwärzung zu ruinieren.

In Barcelona wurde die Gasbeleuchtung erstmals 1826 mit großer Anteilnahme im Hof der Llotja (Börse) ausprobiert, aber es vergingen einige Jahrzehnte, bis die Gaslaternen in der ganzen Stadt verbreitet waren. Von dort an veränderten sich die Gewohnheiten der Barceloneser. Die Straßen belebten sich an den Abenden, und die Geschäfte schlossen zu späteren Stunden. Die Lichtquelle des »modernistischen« Barcelona blieb das Gas, denn der elektrische Strom schien für die Welt der Fabriken geeigneter als für die des Wohnens. Im besten Fall galt elektrische Beleuchtung als eine Kuriosität und nicht als dauerhafte und praktische Lösung. Obwohl einige Straßen bereits 1882 mit elektrischer Beleuchtung ausgestattet wurden, verging viel Zeit, bis der Strom die bestehenden Beleuchtungssysteme vertrieben hatte. Bei den berühmten Festen des Gran Teatre del Liceu benutzte man noch jahrzehntelang Kerzen und Gaslaternen. 1887 wurde hier auf einer Galaveranstaltung das elektrische Licht eingeführt, jedoch ohne Erfolg. Die milchige Helligkeit der Lampen gab den Anwesenden ein leichenhaftes Aussehen, verminderte den Glanz und die Farben der Stoffe und dämpfte den Schimmer der Schmuckstücke. Das waren unerwünschte Wirkungen in einem Opernhaus, in dem Repräsentation wichtiger war als Zeichen fortgeschrittener Modernität.

Das Liceu, das sich bis heute in der Rambla de Caputxins befindet, wurde 1844–1847 auf dem Grundstück des früheren Klosters der Trinitarios errichtet, nachdem der Stadtrat dieses einer eigens gegründeten Kapitalgesellschaft des Liceu Filharmònico überlassen hatte. Seitdem kam man hierher, um einem gesellschaftlichen Ritual zu folgen. Hier stellten die »guten« Familien ihre heiratsfähigen Töchter vor, hier spiegelte sich die Pyramide gesellschaftlicher

Geltung in der vorgegebenen Sitzordnung. Das einfache Volk hatte auf der 4. oder 5. Galerie seine Plätze und betrat das Theater durch einen Seiteneingang, der bezeichnenderweise mit dem übrigen Theater keine Verbindung aufwies. Josep Pla, der das Liceu als Student in der obersten Galerie erlebte, schilderte seinen Eindruck:

»Das Schauspiel im Liceu in einer guten Nacht ist großartig, wenn man es von oben betrachtet – ein Ozean von Bourgeoisie, in dem es nur so von Juwelen und Diamanten funkelte. Was für ein Spektakel! Auf der fünften Galerie hingegen eine Gruppe von Leuten, die Gesichter von Bahnmechanikern haben [...]. Dazu kommen aber auch die Musikenthusiasten mit oder ohne Partituren in den Händen, für die nichts als die Musik oder das Drama zählt. Diese wahren Kunstliebhaber haben für das bourgeoise Meer unter ihnen nur eine geradezu olympische Verachtung übrig.«

Aus Sicht der städtischen Aristokratie formulierte hingegen Joaquim María de Nadal Ferrer: »Die Öffentlichkeit des Liceu war zwar aus allen gesellschaftlichen Klassen zusammengesetzt, aber nicht alle waren aus dem gleichen Grund da. Wenn sie auch nicht alle miteinander befreundet waren, kannten sich doch alle. Die Besitzer der Logen und Inhaber der festen Plätze kannten die Vorlieben der Stammgäste in den oberen Regionen, und jene wußten genau über die Anbändeleien Bescheid, welche die ersten Ränge interessierten.«[209]

In der Tat: Nur wer hier einen Platz besaß, konnte in Barcelona zur »Gesellschaft« gehören, und wer dazugehören wollte, mußte sich hier sehen lassen. Wie in den großen Opernhäusern anderer europäischer Metropolen – im Covent Garden oder in der Pariser Oper – stellte die Oberschicht im Liceu ihre Macht auf demonstrative Weise zur Schau. 1861, als die Oper in Flammen aufgegangen war, verbreitete sich in der Stadt das Gerücht, dies sei auf Brandstiftung durch »niedere Stände« zurückzuführen. Es entbehrt nicht der Logik, daß auch hier der Bombenterror seine Opfer finden sollte: Am Eröffnungsabend der Saison 1893 wurden zwei Bomben von der 4. Galerie hinabgeworfen, denen 20 Menschen zum Opfer fielen. Der Anschlag gab den Behörden Anlaß zu einer gnadenlosen Verfolgung wirklicher und vermeintlicher Attentäter: 400 Verdächtige wurden inhaftiert, sieben hingerichtet.

Das Liceu war zu seiner Bauzeit das größte Musiktheater in Europa. So verkörperte es auch nach außen den Status einer wachsenden und selbstbewußter werdenden Stadt. Hier machte sich das Bürgertum mit den Neuerungen im Musikleben Europas vertraut. Der Musikgeschmack in Barcelona tendierte lange zur italienischen Oper. 1853 erregte eine erste katalanische Oper von Josep Freixas Aufsehen. Der große Umschwung kam mit Wagner – ganz im Gegensatz zum übrigen Spanien. Sein erstes Werk, das – auf italienisch – mit großem Erfolg aufgeführt wurde, war 1882 der Lohengrin. Dabei war das Konkurrenztheater de la Santa Creu schneller gewesen als das Liceu, aber 1913 fand hier die erste Aufführung des »Parsifal« außerhalb Bayreuths statt.

Eine weitere Besonderheit in der Kultur Barcelonas waren die »Athenäen«, literarisch-gesellschaftliche Vereinigungen. Am bedeutendsten war das »Ateneu Catalán« von 1860, das sich mit dem »Casino Mercantil Barcelonés« von 1869 zum heute noch bestehenden »Ateneu Barcelonés« vereinigte. Solche Institutionen verbanden, wenn auch auf andere Weise als das Liceu, das Bildungs- und das Wirtschaftsbürgertum miteinander. Insbesondere trafen sich hier die Intellektuellen aus den regionalistischen und republikanischen Bewegungen.[210] Dazu gab es »Arbeiterathenäen«, sozusagen private Volkshochschulen. Teils wollten sie zur politischen Bildung der Arbeiter beitragen, teils berufliche Qualifikationen vermitteln. Politische Vorträge und Kurse fanden im »Ateneu Enciclopèdic Popular« nach 1903 statt, wo sich Angehörige der Intelligenz mit Arbeitern trafen. Einige der Arbeiterathenäen kann man als Stadtteilzentren betrachten: Die Aktivitäten reichten hier von Exkursionen zur Erkundung der einheimischen Bergwelt bis zu Filmvorführungen. In der zunehmend politisierten Arbeiterkultur konnten sich solche Einrichtungen, auch aus finanziellen Gründen, über 1910 hinaus nicht halten.

Großstädtische Kommunikations- und Öffentlichkeitsformen waren im übrigen weder auf privilegierte Schichten noch auf Institutionen beschränkt. So waren die meisten Cafés und Tavernen in der Innenstadt nicht auf ein bestimmtes soziales Publikum festgelegt. Arbeiter, Handelsgehilfen, Studenten und Fuhrleute frequentierten die sogenannten »Cafés de camareras«, wo im Vorderraum

Kartenspiele um Geld veranstaltet wurden, während Prostituierte ihre Kunden im Hinterzimmer bedienten. Nach französischem Vorbild entstand das »Café-cantant«, Stammlokale für Arbeiter und Angestellte, die hier zu niedrigen Preisen eine Alternative zur Oper hatten.

Wichtigstes Vergnügungsgebiet wurde zu dieser Zeit der Paral.lel, eine im Jahre 1894 fertiggestellte Avenue, die mitten durch die dichtbesiedelten Innenstadtgebiete vom Hafen zur Gran Via verlief. Hier siedelten sich Cafés, Läden, Sensationsshows und Kneipen an, hier fanden Künstler wie Picasso preisgünstige Studioräume. Prostitution war weit verbreitet, andere Vergnügungen in diesem barcelonesischen Montmartre waren Zirkusveranstaltungen und Wachsmuseen. Ein seriöseres Programm hatten jedenfalls die bis zu elf festen Theater in dieser Gegend, wo man Melodramen, aber auch Ibsen sehen konnte, der in der Arbeiterkultur rascher als vom bürgerlichen Publikum rezipiert und im revolutionären Sinn interpretiert wurde. Dem Tívoli gegenüber stand beispielsweise das »Teatro de Novedades« auf einem mit Bäumen bewachsenen Grundstück »für das Vergnügen des Publikums während der Pausen«. Seine Spezialität waren kastilische und katalanische Werke, manchmal auch französische und italienische. Das eleganteste Etablissement dieses Genres war das vom Finanzier Evaristo Arnús in den Gärten seines Landgutes erbaute Teatro Lírico, die Sala Beethoven, das nicht weit vom Passeig de Gràcia lag. Im Garten dieses Theaters befanden sich ein Kiosk, ein Vogelkäfig, ein Wasserfall, ein See und eine Grotte. Nicht alles, was die neue Stadtkultur zu bieten hatte, war also »modern« im Sinne der avantgardistischen Kunstbewegungen. Die Dynamik dieser Stadtkultur zeigte sich nach der Jahrhundertwende eher im Zusammenhang mit dem wahrhaft urbanen und zunehmend professioneller betriebenen Vergnügungsbetrieb, der alle gesellschaftlichen Klassen anlockte, als in den zunehmend antiquierten Maskenbällen des Liceu. Die Kompliziertheit der Mode des 19. Jahrhunderts und die formelle Strenge, die aus der Kleidung eine Uniform des Alters, des sozialen Status, des Familienstands und Berufs machte, hatten in der Oberschicht eine ungeheure Begeisterung für Verkleidungen entstehen lassen. Aber wenn diese im ersten Jahrzehnt des 20. Jahrhunderts auch noch stattfanden, dann doch mit schwächerer Beteiligung, wobei die Kostüme ihre frühere Buntheit verloren hatten und die jüngere Generation ausblieb. »Man würde in der Wüste predigen«, bemerkte ein Chronist der Zeit, »wollte man die Masken bitten, ihre an den Hälsen hängenden Gewänder und die häßlichen weißen oder radieschenfarbenen Baumwollwesten auszuziehen.«

Ausblick:
Die Großstadt als moderner Lebensraum

Den Metropolen wuchsen in den Volkswirtschaften entscheidende Funktionen zu: die Organisation der interregionalen Arbeitsteilung und die Verteilung der Migrationsströme. In ihnen akkumulierten sich wirtschaftsrelevante Informationen, und sie waren seit dem frühen 19. Jahrhundert Zentren technologischer Kenntnisse. Dadurch gewannen sie eine geschichtliche Wirkungskraft, die heute abgeschwächt ist. Der Standort Großstadt kam dem Innovationstempo und der Produktivitätsentwicklung der städtischen Wirtschaft zugute. Zur Technologieanwendung und der Schulung von Arbeitskräften trat die generelle Informationsverarbeitung und gewann während des 19. Jahrhunderts immer stärkere Bedeutung. Neue Produktionsmittel wurden in den Großstädten zuerst entwickelt und angewendet, die technologieorientierten Branchen wie die Metall-, später die Elektro- und die chemische Industrie profitierten ebenso wie die zahlreichen dienstleistungsorientierten Kleinbetriebe von der Vielfalt der Arbeitskräfte mit verschiedenen Qualifikationen. Vernetzungen und Kontaktmöglichkeiten, die durch Presse, Verlage, Vereine und Clubs möglich waren, spielten hierbei eine nicht zu unterschätzende Rolle. Das kulturelle Angebot der Großstadt wurde zur Produktivkraft. Die Städte wiesen außerdem für Teilproduktion und deren Vermarktung besondere Vorteile auf, die sich durch die räumliche Nähe von Produktions- und Lagerstätten sowie von Dienstleistungsangeboten ergaben. Allerdings konnten sich in Städten – in München zeichnet sich dies in besonderer Weise ab – erhebliche Widerstände gegen eine Ansiedlung von Betrieben auf städtischem Boden ergeben. Die Metropolen entwickelten sich also auf industriewirtschaftlicher Grundlage, sie bündelten gewerbliche Aktivitäten aller Art, von der industriellen Großproduktion über kleinere Industriebetriebe bis zum traditionellen Handwerksbetrieb. Zugleich trat der Dienstleistungssektor in der Stadtwirtschaft in wachsendem Maße hervor.

Inwieweit städtisches Wachstum plan- und steuerbar ist, wurde im 19. Jahrhundert schon einmal diskutiert – mit praktischen Ergebnissen und erstaunlichen Konsequenzen. Am eindeutigsten benannten die zeitgenössischen Großstadtkritiken die hygienischen Probleme: Unzureichende Trinkwasserversorgung und Anstekkungsgefahr in den verdichteten Städten waren die ersten objektivierbaren Risiken, die, mit erheblichen Verzögerungen, als erste kontrolliert werden konnten. Ungleichzeitigkeiten bei der Infrastrukturentwicklung zeigten sich sowohl innerhalb der Städte als auch zwischen ihnen. Selbst in Manchester, wo der Übergang zur Interventionsverwaltung frühzeitig erfolgte und wo der Sinn guter Wasserversorgung relativ bald eingesehen wurde, zögerte man die systematische Kanalisierung hinaus.

Die dynamischen Potenzen des industriellen Wachstums unterminierten während einer begrenzten Phase ältere Konzepte zur Kontrolle des Baugeschehens. Projekte der Stadterweiterung beendeten diese fast anarchisch zu nennende Phase. Auch gewann eine responsive Stadtentwicklungspolitik unter unterschiedlichen Bedingungen an Boden. Welche Effizienz Stadtplanung und überhaupt interventionistische Stadtpolitik erreichten, hing von verschiedenen gesellschaftlichen Voraussetzungen und institutionellen Ausprägungen und nicht nur vom Boden- und Planungsrecht ab. Insgesamt war für die Metropolen nicht die Unfähigkeit, sondern die Fähigkeit zur Stadtentwicklung[211] charakteristisch, deren Dynamik allerdings ständig reguliert werden mußte.

Eines der auffallendsten Phänomene bei der Großstadtentwicklung war die neuartige Raumstruktur. Sie zeigte sich daran, daß einzelne Stadtgebiete klare Funktionen übernahmen, und an den verschiedenen Formen der Segmentierung sozialer Gruppen. Soziale Segregation stellte, wenn man Manchester ausnimmt, mehr eine Tendenz dar, als daß es zu krasser Distanzierung zwischen Besitzenden und Mittellosen gekommen wäre. Der Segregationsprozeß vollzog sich in verschiedenen Formen: als zeitlich ungleiche Nutzung von Straßenräumen, als Okkupation bestimmter Stadtgebiete durch einzelne Klassen und Berufsgruppen, als Konzentration der seltensten Güter (Ruhe, Sicherheit, attraktive Dienstleistungsangebote) in einzelnen Stadtgebieten und als vertikale und horizontale Entmischung von Wohnbevölkerungen. Bei Formen, Tempo und Umfang dieser Entmischungen zeigten die Städte ein sehr unterschiedliches Bild. Entgegen der zeitgenössischen Sicht bedeutete segregiertes Wohnen nicht zwangsläufig soziale und politische Polarisierung. Umgekehrt verhinderte das Zusammenwohnen der Angehörigen verschiedener sozialer Schichten in Wohngebäuden oder Stadtquartieren eine solche Polarisierung keineswegs, sondern förderte sie vielleicht sogar. In unterschiedlichem Ausmaß erwiesen sich die großen Städte als Orte der politischen Konfrontation, als Arenen von Demonstrationen und als Rahmen für Kommunikationsnetze, die politische Bedeutung gewinnen konnten und auch gewannen.

Werthaltungen wie Leistungsdenken und Individualismus, wie auch der spezifische Kulturstil des Wirtschaftsbürgertums, das freilich von aristokratischen Neigungen keineswegs frei war, entfalteten sich im städtischen Rahmen, und von den großen Städten aus organisierte dieses Bürgertum seine wirtschaftlichen Interessen, ob sie nun in freihändlerische (Manchester) oder in protektionistische (Barcelona) Richtung liefen. Zweifellos entwickelte sich in den Metropolen eine neue, maßstabgebende Kultur, die ihre Impulse aus den anderen Weltstädten erhielt und auf die umgebenden Gesellschaften zurückwirkte. Theater, Ausstellungen, künstlerische Initiativen und Bewegungen, Kommunikationsräume wie Cafés, Passagen, all dies trug zur Formung moderner Urbanität bei, ebenso wie die Fassaden, Schaufenster und Plakate, an denen die großstädtische Menge vorbeieilte. Schon Ludwig Börne stellte über Paris fest, es sei »der Telegraph der Vergangenheit, das Mikroskop der Gegenwart und das Fernrohr der Zukunft«.[212] Der Großstadtkontext war maßgeblich für die programmatischen Manifestationen künstlerischer Modernität der Jahrhundertwende. Während der europäischen Urbanisierung verwandelten sich die Metropolen in die führenden Innovationszentren der gesellschaftlichen Reproduktion, eine Rolle, die heute keineswegs zu Ende gespielt ist, selbst wenn man einen »Systemsprung« beim künftigen Stadtwachstum für nötig hält, bei dem es um ein »Mehr an Stadt, ein Weniger an Fläche« gehen soll.[213] Dem historischen Prozeß der Herausbildung großstadtspezifischer Lebensweisen, individueller

Institutionen und Stadtarchitekturen, der kulturellen Profilierung der großen Städte gegenüber ihrem Umland, wohnt Orientierungsqualität inne, gerade weil die globale Vereinheitlichung der Lebensverhältnisse immer weiter voranschreitet. Auch künftig werden die entscheidenden kulturellen und wirtschaftlichen Innovationen nicht von den Vororten, sondern von den zu »Global Cities« mutierten Industriemetropolen ausgehen.

Neben der Modernität erweist sich das Phänomen der Ungleichzeitigkeit von Lebensmilieus als konstitutiv für das Bild, das man sich von der Gesamtheit des urbanen Lebens machen muß. In den Metropolen brachen und überschnitten sich unterschiedliche Kulturmilieus. Die kulturellen Differenzen, aber auch die Begegnungen zwischen den Avantgardezirkeln in der Stadtmitte von St. Petersburg und den »urban villagers« in den Vorstädten sind vielleicht das beeindruckendste Beispiel hierfür. In den Städten zeigte sich der nivellierende und dynamisierende Einfluß der Massenpresse, neuer Medien und Institutionen, ohne daß man von einer Vereinheitlichung des kulturellen Lebens sprechen kann. Es konstituierten sich gegenläufige Formen der Arbeiterkultur auf Stadtteilebene, die erst spät im 20. Jahrhundert wieder eingeebnet wurden. Differenzen von Kulturstilen, wo sie sichtbar wurden, wurden in den Großstädten bis zu einem gewissen Grad toleriert, und es gab auch gemeinsame Kommunikationsräume verschiedener sozialer Gruppen.

Makrostrukturelle Transformationsprozesse – Industrialisierung, Transportrevolution, Herausbildung marktabhängiger Klassen, Ausweitung des Massenkonsums – beeinflußten die Geschichte der Städte ebenso, wie die Städte selbst zur Dynamisierung dieser Makroprozesse beitrugen. Es gibt also durchaus eine eigenständige »urbane Variable« in der Gesellschaftsgeschichte, die hier aber nicht zur Debatte stand. Gezeigt wurde hier die Gerichtetheit wie die Diversität der Metropolenentwicklung in ihrer Entstehungsphase – vor dem Hintergrund gesamtgesellschaftlicher Basisprozesse, aber auch im Bewußtsein des individuellen Charakters jeder Stadt.

Anhang

Anmerkungen

1 Frankfurter Allgemeine Zeitung, 18.6.93.

2 Andrew Lees, Perceptions of Cities in Britain and Germany 1820–1914, in: Derek Fraser/Anthony Sutcliffe (Hg.), The Pursuit of urban history, London 1983, S. 151–166.

3 Rolf Peter Sieferle/Clemens Zimmermann, Die Stadt als Rassengrab, in: Manfred Smuda (Hg.), Die Großstadt als »Text«, München 1992, S. 53–72.

4 Ebd., S. 64 f.

5 Winfried Spiegel, Der Raum des Fortschritts und der Unnatur. Die Industriestadt im viktorianischen Roman, Trier 1992.

6 Peter Alter, Einleitung, in: ders. (Hg.), Im Banne der Metropolen, Göttingen 1993, S. 7–22, hier S. 11.

7 Christian Engeli/Horst Matzerath (Hg.), Moderne Stadtgeschichtsforschung in Europa, USA und Japan, Stuttgart 1989, S. 36.

8 Paul M. Hohenberg/Lynn Hollen Lees, The Making of Urban Europe 1000–1950, Cambridge, Mass. 1985; Jan de Vries, European Urbanization 1500–1800, London 1984, bes. S. 150.

9 Horst Matzerath, »Moderne Stadtgeschichte«? Bruch oder Kontinuität in der Stadtentwicklung, in: Informationen zur Modernen Stadtgeschichte 1989, H. 2, S. 2–7, hier S. 5.

10 Hohenberg/Lees, Urban Europe [wie Anm. 8], S. 103, 107, 111.

11 Horst Matzerath, Von der Stadt zur Gemeinde. Zur Entwicklung des rechtlichen Stadtbegriffs im 19. und 20. Jahrhundert, in: Archiv für Kommunalwissenschaften 13 (1974), S. 17–46; Burkhart Hofmeister, Der Stadtbegriff des 20. Jahrhunderts aus der Sicht der Geographie, in: Die alte Stadt 11 (1984), S. 197–213.

12 Paul Bairoch, Cities and Economic Development, Chicago 1988, S. 225.

13 Zum folgenden Gareth Shaw, Industrialization, urban growth and the city economy, in: Richard Lawton (Hg.), The Rise and Fall of Great Cities. Aspects of urbanization in the Western World, London 1989, S. 55–79, hier S. 56 ff.; P. J. Waller, Town, City and Nation: England 1850–1914, Oxford 1991, S. 2–8.

14 Bairoch [wie Anm. 12], S. 221.

15 M. Thiebault, Mémoire sur les environs de Châtellerault (1841), zitiert nach John M. Merriman (Hg.), French Cities in the Nineteenth Century, New York 1981, S. 24; zum folgenden ebd., v. a. S. 20; Maurice Agulhon

(Hg.), La ville de l'âge industriel, Paris 1983, S. 33 ff.; André Burguière/ Jacques Revel (Hg.), Histoire de la France: L'espace français, Paris 1989, S. 233–248, 277 ff.

16 Zum folgenden Horst Matzerath, Urbanisierung in Preußen 1815–1914, 2 Bde., Stuttgart 1985.

17 Thomas Stanley Fedor, Patterns of Urban Growth in the Russian Empire during the 19th Century, Chicago 1975.

18 Wolfgang Kromer, Propagandisten der Großstadt. Die Bedeutung von Informationsströmen zwischen Stadt und Land bei der Auslösung neuzeitlicher Land-Stadt-Wanderungen, Frankfurt a. M. 1985.

19 Sidney Pollard, The Concept of Regional Industrialisation: The British Experience, in: Jahrbuch für Wirtschaftsgeschichte 1992/1, S. 11–36, bes. S. 13–18.

20 Hohenberg/Lees, Urban Europe [wie Anm. 8], S. 204, zum folgenden ebd., S. 176–188; Shaw, Industrialization [wie Anm. 14], S. 68.

21 Heinz Schomann, Das Frankfurter Bahnhofsviertel und die Kaiserstraße. Ein Beitrag zu Städtebau und Baukunst des Historismus, Stuttgart 1988, S. 7.

22 Walter Kieß, Urbanismus im Industriezeitalter. Von der klassizistischen Stadt zur Garden City, Berlin 1991, S. 393–426; Jean Dethier/Alain Guiheux (Hg.), La Ville, art et architecture en Europe, 1870–1993, Paris 1994, S. 121–190.

23 Brian Ladd, Urban Planning and Civic Order in Germany 1860–1914, Cambridge/Mass. 1990; Cäcilia Schmitz, Bergbau und Verstädterung im Ruhrgebiet. Die Rolle der Bergwerksunternehmen in der Industrialisierung am Beispiel Gelsenkirchen, Bochum 1987; Beate Witzler, Großstadt und Hygiene – Kommunale Gesundheitspolitik in der Epoche der Urbanisierung, Stuttgart 1995.

24 Heinz Heineberg (Hg.), Innerstädtische Differenzierung und Prozesse im 19. und 20. Jahrhundert. Geographische und historische Aspekte, Köln 1987.

25 Clemens Wischermann, Urbanisierung und innerstädtischer Strukturwandel am Beispiel Hamburgs: Verfahren moderner Stadtanalyse im historischen Vergleich, in: Horst Matzerath (Hg.), Städtewachstum und innerstädtische Strukturveränderungen. Probleme des Urbanisierungsprozesses im 19. und 20. Jahrhundert, Stuttgart 1984, S. 165–196, hier S. 188–193.

26 Friedrich W. Bratvogel, Stadtentwicklung und Wohnverhältnisse in Bielefeld unter dem Einfluß der Industrialisierung im 19. Jahrhundert, Dortmund 1989, hier S. 332.

27 H. J. Dyos, Victorian Suburb. A Study of the Growth of Camberwell, Leicester 1961; Michael Wagenaar, Conquest of the Center or Flight to the Suburbs? Divergent Metropolitan Strategies in Europe, 1850–1914, in: Journal of Urban History 19 (1992), S. 60–83.

28 Marie C. Nelson/John Rogers (Hg.), Urbanization and the Epidemiologic Transition, Uppsala 1989.

29 Wolfgang Hofmann, Aufgaben und Struktur der kommunalen Selbstverwaltung in der Zeit der Hochindustrialisierung, in: Kurt G. A. Jeserich/Hans Pohl/Georg-Christoph v. Unruh (Hg.), Deutsche Verwaltungsgeschichte Bd. 3, Stuttgart 1984, S. 578–620; Marjatta Hietala, Services and Urbanization at the Turn of the Century. The Diffusion of Innovations, Helsinki 1987.

30 Dieter Langewiesche, »Staat« und Kommune. Zum Wandel der Staatsaufgaben in Deutschland im 19. Jahrhundert, in: Historische Zeitschrift 248 (1989), S. 621–635.

31 Clemens Zimmermann, Der Werkswohnungsbau der oberschlesischen Berg- und Hüttenindustrie, 1850–1914, in: Toni Pierenkemper (Hg.), Industriegeschichte Oberschlesiens im 19. Jahrhundert. Rahmenbedingungen – Gestaltende Kräfte – Infrastrukturelle Voraussetzungen – Regionale Diffusion, Wiesbaden 1992, S. 165–215.

32 Anthony Sutcliffe, Introduction: Urbanization, Planning and the Giant City, in: ders. (Hg.), Metropolis 1890–1940, London 1984, S. 1–18, bes. S. 3; Karl Schwarz, Berlin: Kulturmetropole und Industriemetropole neuen Typs, in: Ästhetik und Kommunikation 61/62 (1986), S. 85–100.

33 Alter, Einleitung [wie Anm. 6], S. 11.

34 Zu Berlin als regionalem, in Deutschland keineswegs allein dominierendem Zentrum vgl. Gerhard Brunn/Jürgen Reulecke (Hg.), Metropolis Berlin. Berlin als deutsche Hauptstadt im Vergleich europäischer Hauptstädte 1870–1939, Bonn 1992.

35 Saskia Sassen, The Global City. New York, London, Tokyo, Princeton 1991.

36 Nach Paul Bairoch/Jean Batou/Pierre Chèvre, La population des villes européennes – Banque de données et analyse sommaire des résultats 800–1850, Genève 1988, S. 7, 16, 34, 62, 283; Richard Bauer (Hg.), Geschichte der Stadt München, München 1992, S. 297.

37 Rangposition unter den europäischen Großstädten, nach Hohenberg/Lees, Urban Europe [wie Anm. 8], S. 227.

38 Wilhelm Erb, Über die wachsende Nervosität unserer Zeit. Akademische Rede, Heidelberg 1893.

39 Georg Simmel, Die Großstädte und das Geistesleben, in: Jahrbuch der Gehe-Stiftung zu Dresden 9, Dresden 1903, S. 187–206; Ilja Srubar, Zur Formierung des soziologischen Blickes, in: Smuda, Die Großstadt als »Text« [wie Anm. 3], S. 37–52, hier S. 40 f.

40 Louis Wirth, Urbanism as a Way of Life, in: The American Journal of Sociology 44 (1938/9), S. 1–24.

41 Kurt Tucholsky, Augen in der Gross-Stadt, in: ders., Gesammelte Werke, Bd. III, hg. v. Mary Gerold-Tucholsky/Fritz J. Raddatz, Reinbek 1960, S. 379 f.

42 P. H. Curson/T. G. Bester, Urbanism as a Way of Life: Reality or Myth?, in: International Journal of Contemporary Sociology 9 (1972), S. 15–26.

43 Theodor Fontane, Berlin wird Weltstadt, in: ders., Werke, Bd. XV, hg. v. K. Schreinert/Jutta Neuendorff-Fürstenau, München 1967, S. 398.

44 Robert Gellately, An der Schwelle zur Moderne. Warenhäuser und ihre Feinde in Deutschland, in: Alter, Im Banne der Metropolen [wie Anm. 6], S. 131–156, bes. S. 146, 156.

45 Jürgen Reulecke, Verstädterung und Urbanisierung als Elemente sozio-kommunikativer Auseinandersetzungen im 19. Jahrhundert, in: J. J. Hesse (Hg.), Kommunalwissenschaften in der Bundesrepublik Deutschland, Baden-Baden 1989, S. 51–70, hier S. 61.

46 Jürgen Reulecke, Historische Entwicklung städtischer Lebensformen, in: Tilmann Allert/Jochen Schulz zur Wiesch, Stadt-Kultur. Zum Verhältnis von Stadt und Kultur, Tübingen 1988, S. 5–29, hier S. 27.

47 William Cooke Taylor, Notes of a Tour in the Manufacturing Districts of Lancashire, London 1842, S. 9 ff.; Angus Bethune Reach, Manchester and the Textile District in 1849, hg. von C. Aspin, Helmshore 1972, S. 7 f.

48 James Kay, The moral and physical condition of the working classes employed in the cotton manufacture in Manchester, London 1832, S. 47.

49 Leon Faucher, Manchester in 1844, London/Manchester 1844, S. 16.

50 Benjamin Disraeli, Coningsby or the new generation [1844], London 1889, S. 155.

51 Hippolyte Taine, Aufzeichnungen über England, Jena/Leipzig 1906, S. 260.

52 John Breuilly, Liberalism in mid-nineteenth Hamburg and Manchester, in: ders., Labour and liberalism in nineteenth-century Europe: Essays in comparative history, Manchester 1992, S. 197–227, hier S. 213 f.

53 Faucher, Manchester [wie Anm. 49], S. 16–24 f.

54 Zum folgenden Reach, Manchester [wie Anm. 47], S. 1 f.

55 Charles Dickens, Harte Zeiten [1854], Frankfurt a. M. 1986, S. 21.

56 Faucher, Manchester [wie Anm. 49], S. 16.

57 Theodor Fontane, Aus Manchester, in: ders., Werke, Schriften und Briefe Abteilung 3.1, Darmstadt 1975, S. 424–528, hier S. 424 f.

58 Nach W. H. Shercliff, Manchester: a short history of its development, Manchester 1960, ⁶1983; Bairoch/Batou/Chèvre, La population des villes européennes [wie Anm. 36], S. 280, 283; Adna Ferrin Weber, The Growth of the Cities in the Nineteenth Century: a study in statistics, New York 1899, S. 450.

59 Faucher, Manchester [wie Anm. 49], S. 15 f.

60 Disraeli, Coningsby [wie Anm. 50], S. 153.

61 Faucher, Manchester [wie Anm. 49], S. 18 f.

62 Zum folgenden Reach, Manchester [wie Anm. 47], S. 2 ff., 41–47.

63 Friedrich Engels, Die Lage der arbeitenden Klasse in England, München 1980 [1845], S. 83.

64 Engels, Lage [wie Anm. 63], S. 65, 67.

65 Paul Lafargue, Persönliche Erinnerungen an Friedrich Engels, in: Die Neue Zeit 23.2 (1904/5), S. 556 ff.

66 Robert Roberts, The Classic Slum – Salford Life in the First Quarter of the Century, Harmondsworth 1973, S. 147.

67 Taylor, Notes [wie Anm. 47], S. 165; ähnlich Faucher, Manchester [wie Anm. 49], S. 57 f.

68 Kay, Moral condition [wie Anm. 48], S. 6.

69 Faucher, Manchester [wie Anm. 49], S. 18, 27 f.

70 Elizabeth Gaskell, Mary Barton. A Tale of Manchester Life [1848], London 1985, S. 72.

71 Engels, Lage [wie Anm. 63], S. 67.

72 Taylor, Notes [wie Anm. 47], S. 14; Faucher, Manchester [wie Anm. 49], S. 26 f.

73 Richard Parkinson, Canon of Manchester, On the present condition of the labouring poor with hints for improving it, London / Manchester 1841, v. a. S. 10 f.

74 Roberts, Classic Slum [wie Anm. 66], S. 27, 43, 47, 153, 156, 168.

75 Ebd., S. 17 f., 23.

76 Richard Dennis, English Industrial Cities of the Nineteenth Century, Cambridge 1984, S. 35; Colin Pooley, Segregation or integration? The residential experience of the Irish in mid-Victorian Britain, in: Roger Swift / Sheridan Gilley (Hg.), The Irish in Britain 1815–1939, London 1989, S. 60–83, hier S. 66 f.

77 W. J. Lowe, The Irish in Mid-Victorian Lancashire. The Shaping of a Working Class Community, New York 1989.

78 Kay, Moral condition [wie Anm. 48], S. 19; differenzierender Faucher, Manchester [wie Anm. 49], S. 28–32.

79 J. M. Ludlow / Lloyd Jones, Progress of the Working Classes, London 1867, S. 9.

80 Taylor, Notes [wie Anm. 47], S. 10.

81 Nach Asa Briggs, Victorian Cities, London 1963, S. 103.

82 Breuilly, Liberalism [wie Anm. 52], S. 213 ff.; Anthony Howe, The Cotton Masters, Oxford 1984, S. 250 f.

83 Anthony Sutcliffe, Stadtpolitik und Stadtumwelt in Großbritannien zwischen 1875 und 1900, in: Juan Rodriguez-Lores / Gerhard Fehl (Hg.), Städtebaureform 1865–1900, Bd. 1, Hamburg 1985, S. 59–90, hier S. 59.

84 Waller, Town, City and Nation [wie Anm. 13], S. 303 f.; Anthony Sutcliffe, The Growth of Public Intervention in the English Environment during the Nineteenth Century: A Structural Approach, in: James H. Johnson / Colin G. Pooley (Hg.), The Structure of Nineteenth Century Cities, London 1982, S. 107–124; Hietala, Services and Urbanization [wie Anm. 29], S. 254, 328 f.

85 Sutcliffe, Stadtpolitik [wie Anm. 83], S. 74 ff.

86 Gareth Shaw, Industrialization, urban growth and the city economy, in: Lawton, Rise and Fall of Great Cities [wie Anm. 13], hier S. 76.

87 Engels, Lage [wie Anm. 63], S. 42.

88 Zitiert nach Briggs, Victorian Cities [wie Anm. 81], S. 189.

89 Dennis, Industrial Cities [wie Anm. 76], S. 213–219, 244–246.

90 »Von diesem großen Fenster, das neuerdings im Norden geöffnet wurde und durch das Rußland nach Europa blickt«; Brief vom 30. Juni 1739, Francesco Algarotti, Viaggi di Russia, hg. v. William Spaggiari, Parma 1991, S. 55.

91 Christoph Schmidt, Zur politischen Topographie St. Petersburgs. Zeitungsabsatz und Wahlausgang 1890–1917, in: Jahrbücher für Geschichte Osteuropas 36 (1988), S. 37–56, hier S. 43.

92 Louise McReynolds, St. Petersburg's »Boulevard« Press and the Process of Urbanization, in: Journal of Urban History 18 (1992), 123–140.

93 Karl Baedeker, Russland, Leipzig ⁵1901, S. 84.

94 Zum folgenden Klaus Meyer, Kaiserliche Residenz und sozialistische Großstadt. Typologische Überlegungen zur Geschichte der Stadt St. Petersburg – Petrograd – Leningrad, in: Ulrich Haustein/Georg W. Strobel/Gerhard Wagner (Hg.), Ostmitteleuropa. Berichte und Forschungen, Stuttgart 1981, S. 64–77, hier S. 66–72.

95 Andrej Belyj, Petersburg, Frankfurt a. M. 1976, S. 25.

96 J. G. Kohl, Petersburg in Bildern und Skizzen, 1. Teil, Dresden/Leipzig 1841, S. 2, 7.

97 James Bater, St. Petersburg: Industrialization and Change, Montreal 1976, S. 91; zum folgenden S. Frederick Starr, The Revival and Schism of Urban Planning in Twentieth-Century Russia, in: Michael F. Hamm (Hg.), The City in Russian History, Lexington 1976, S. 222–242, hier S. 224 f.

98 Thomas Hall, Planung europäischer Hauptstädte. Zur Entwicklung des Städtebaus im 19. Jahrhundert, Stockholm 1986, S. 197.

99 James Bater, Between Old and New. St. Petersburg in the Late Imperial Era, in: Michael F. Hamm (Hg.), The City in late imperial Russia, Bloomington 1986, S. 43–78, hier S. 51 f.

100 Fedor, Urban Growth in the Russian Empire [wie Anm. 17], S. 192, 198.

101 Max Engman, St. Petersburg och Finland. Migration och Influens, 1703–1917, Helsingfors 1983, S. 97.

102 Ebd.

103 Richard H. Rowland, Urban In-Migration in Late Nineteenth-Century Russia, in: Hamm, The City in Russian History [wie Anm. 97], S. 115–123, hier S. 117.

104 Heiko Haumann, »Ich habe gedacht, daß die Arbeiter in den Städten besser leben«. Arbeiter bäuerlicher Herkunft in der Industrialisierung des Zarenreiches und der frühen Sowjetunion, in: Schweizerische Zeitschrift für Geschichte 43 (1993), S. 42–60, hier S. 47, 51.

105 Weber, Growth [wie Anm. 58], S. 328.

106 Weber, Growth, [wie Anm. 58], S. 284, 288; Bater, Old and New [wie Anm. 99], S. 51 ff.; zum folgenden Heiko Haumann, Konfliktlagen und Konflikte zwischen Stadt und Land. Ein Vergleich von vier Regionen im östlichen Europa (1850 bis 1917), in: Wolfgang Hardtwig/Klaus Tenfelde (Hg.), Soziale Räume in der Urbanisierung. Studien zur Geschichte Münchens im Vergleich 1850 bis 1933, München 1990, S. 17–36, bes. S. 27; Christine D. Worobec, Peasant Russia. Family and Community in the Post-Emancipation Period, Princeton 1991, S. 112–116, 180; Heinz-Dietrich Löwe, Die arbeitende Frau: Traditionelle Räume und neue Rollen, Rußland 1860–1917, in: Jochen Martin/Renate Zoepffel (Hg.), Aufgaben, Rollen und Räume von Frau und Mann, Teilband 2, Freiburg 1989, S. 937–984, hier S. 950.

107 Zum folgenden Engman, Finland [wie Anm. 101], S. 165, 294 f.

108 Manfred Hildermeier, Ständeordnung und sozialer Wandel: Rußland in der Frühphase der Industrialisierung, in: Geschichte und Gesellschaft 5 (1979), S. 313–335, hier S. 315; zum folgenden ebd., S. 334 f.

109 Engman, Finland [wie Anm. 101], S. 293.

110 Manfred Hildermeier, Bürgertum und Stadt in Russland 1760–1870. Rechtliche Lage und soziale Struktur, Köln 1986, S. 447.

111 Zum folgenden Bater, St. Petersburg [wie Anm. 97], S. 55, 74–84, J. Bater, Old and New [wie Anm. 99], S. 53 f.; Thomas Steffens, Die Arbeiter von Petersburg 1907 bis 1917. Soziale Lage, Organisation und spontaner Protest zwischen zwei Revolutionen, Freiburg 1985, S. 27; Gerald D. Surh, 1905 in Petersburg. Labor, Society and Revolution, Stanford 1989, S. 10.

112 Bater, St. Petersburg [wie Anm. 97], S. 253.

113 Kohl, Petersburg [wie Anm. 96], S. 8.

114 Ebd., S. 21 ff.

115 Ebd., S. 16 f.

116 Dt.: Fjodor M. Dostojewskij, Schuld und Sühne, München 1978, S. 11.

117 Dt.: Iwan A. Gontscharow, Oblomow, München 1980, S. 60.

118 Gerry Kearns, Zivilis or Hygaeia: urban public health and the epidemiologic transition, in: Richard Lawton, The Rise and Fall of Great Cities. Aspects of urbanization in the Western World, London 1989, S. 98–124, hier S. 101; Encyclopaedia Britannica, 11. Aufl., Bd. 16, S. 946.

119 Kearns, Hygaeia [wie Anm. 118], S. 102.

120 F. Bljumental', Peterburg i Moskva, Pered licom cholery, in: Zurnal Russkogo Obscestva Ochrannenija Navodnogo Zdravija 1909, S. 18–40, hier S. 38.

121 Bairoch/Batou/Chèvre, La population des villes européennes [wie Anm. 36], S. 231.

122 Witzler, Großstadt und Hygiene [wie Anm. 23], S. 146 ff.

123 Zahlen bei Bater, St. Petersburg [wie Anm. 97], S. 329, 336.

124 Hall, Planung [wie Anm. 98], S. 194 ff.

125 Bater, St. Petersburg [wie Anm. 97], S. 328.

126 Manfred Späth, Wasserleitung und Kanalisation in Großstädten: ein Beispiel des organisationstechnischen Wandels im vorrevolutionären Rußland, in: Forschungen zur osteuropäischen Geschichte 25 (1978),
S. 342–360, hier S. 348.

127 Späth, Wasserleitung [wie Anm. 126], S. 352.

128 Bater, St. Petersburg [wie Anm. 97], S 277.

129 Späth, Wasserleitung [wie Anm. 126], S. 343 f.

130 Očerki istorii Leningrada, Bd. II, 1895–1917, Moskau 1956, S. 811 f., 821.

131 Dazu Gebhardt Weiss, Die russische Stadt zwischen Auftragsverwaltung
und Selbstverwaltung. Zur Geschichte der russischen Stadtreform vor
1870, Diss. Bonn 1977, S. 73 ff.

132 Očerki istorii Leningrada [wie Anm. 130], S. 817.

133 Späth, Wasserleitung [wie Anm. 126], S. 344; Bater, Old and New [wie
Anm. 99], S. 64.

134 Robert W. Thurston, Liberal City, Conservative State. Moscow and Russia's Urban Crisis 1906–1914, New York 1987, S. 8, 67.

135 Nicht ganz überzeugend ebd., S. 3, 73 f., 158; vgl. dagegen Kyoo-Sik Lee,
Das Volk von Moskau und seine Gesundheit. 1850–1914, Diss. (MS) Frei-
burg 1989, bes. S. 238 ff., 256–263, sowie Timothy J. Colton, Moscow.
Governing the Socialist Metropolis, Cambridge 1995, S. 54 ff.

136 Zum folgenden Reginald E. Zelnik, Labor and Society in Tsarist Russia:
The Factory Workers of St. Petersburg, 1855–1870, Stanford 1971,
S. 344 ff.; Surh, 1905 [wie Anm. 111], S. 40; Steve Smith, Class and gender:
women's strikes in St. Petersburg, 1895–1917 and in Shanghai,
1895–1927, in: Social History 19 (1994), S. 141–168.

137 Meyer, Residenz [wie Anm. 94], S. 72.

138 Haumann, Konfliktlagen [wie Anm. 106], S. 28–31.

139 Ebd., S. 30.

140 Hans Rogger, Russia in the Age of Modernisation and Revolution
1881–1917, London 1983, S. 113; Löwe, Arbeitende Frau [wie Anm. 106],
S. 959 f.; Surh, 1905 [wie Anm. 111], S. 32 f.

141 Surh, 1905 [wie Anm. 111], S. 13 f.

142 Ralph Melville/Thomas Steffens, Die Bevölkerung, in: Gottfried Schramm
(Hg.), Handbuch der Geschichte Rußlands, Bd. 3: 1856 bis 1945, Halb-
band 2, Stuttgart 1992, S. 1009–1193, hier S. 1187.

143 Hildegard Brener (Hg.), Asja Lacis. Revolutionär im Beruf. Berichte über
proletarisches Theater, über Meyerhold, Brecht, Benjamin und Piscator,
München ²1976, S. 16–20.

144 Zum folgenden Sergej G. Fedorov, Der »Protofunktionalismus« in der Petersburger Architektur Ende des 19. bis Anfang des 20. Jahrhunderts, in:

Avantgarde I, 1900–1923. Russisch-sowjetische Architektur, Stuttgart 1991, S. 42–55; William Craft Brumfield, The Origins of Modernism in Russian Architecture, Berkeley 1991, S. xix–xxi, 175, 194 f., 230; Starr, Urban Planning [wie Anm. 97], S. 233; Hubertus F. Jahn, The Housing Revolution in Petrograd 1917–1920, in: Jahrbücher für Geschichte Osteuropas 38 (1990), S. 212–227, hier S. 224; Karl Schlögel, Jenseits des Großen Oktober. Das Laboratorium der Moderne. Petersburg 1909–1921, Berlin 1988, S. 36–41; F. E. Enakiev, Zadaci preobrazovanija S.-Peterburga [Aufgaben der Stadtumgestaltung], St. Petersburg 1912.

145 Heinrich Heine, Reise von München nach Genua, in: Heines Werke in fünf Bänden, Bd. 3, Berlin 1976, S. 157–240, hier S. 163, 166.

146 Karl Raupp, Die Photographie in der modernen Kunst, in: Die Kunst für Alle: Malerei, Plastik, Graphik, Architektur, 4/1888–1889, S. 325 f.

147 Elisabeth Angermair, München als süddeutsche Metropole – Die Organisation des Großstadtausbaus 1870 bis 1914, in: Bauer, Geschichte [wie Anm. 36], S. 307–335, hier S. 332.

148 Paul Heyse, Jugenderinnerungen und Bekenntnisse, Berlin ²1900, S. 174 f., 181, 189.

149 Thomas Mann, Gladius Dei, in: ders., Sämtliche Erzählungen, Frankfurt a. M. 1963, S. 155–169, hier S. 156.

150 Andrea Grösslein, Die internationalen Kunstausstellungen der Münchner Künstlergenossenschaft im Glaspalast in München von 1869 bis 1888, München 1987, S. 193–209.

151 Winfried Nerdinger, Die »Kunststadt« München, in: Christoph Stölzl (Hg.), Die Zwanziger Jahre in München, München 1979, S. 93–119, hier S. 108.

152 Karl-Maria Haertle, Münchens ›verdrängte‹ Industrie, in: Friedrich Prinz/Marita Krauss (Hg.), München – Musenstadt mit Hinterhöfen. Die Prinzregentenstadt 1886 bis 1912, München 1988, S. 164–174, hier S. 173.

153 Werner Sombart, Der moderne Kapitalismus, Bd. 3.1, München 1987, S. 408 ff.

154 Zum folgenden Angermair, Süddeutsche Metropole [wie Anm. 147], S. 313 f.; Richard Bauer, Stadt und Stadtverfassung im Umbruch – Niedergang, Ende und Neubegründung kommunaler Eigenständigkeit 1767 bis 1818, in: ders., Geschichte [wie Anm. 36], S. 244–273, hier S. 271 f.; Stephan Bleek, Quartierbildung in der Urbanisierung. Das Münchner Westend 1890–1933, München 1991, bes. S. 20 f.; Stefan Fisch, Stadtplanung im 19. Jahrhundert. Das Beispiel München bis zur Ära Theodor Fischer, München 1988, bes. S. 86–89, 171 ff., 222–239.

155 Vgl. Bleek [wie Anm. 154], S. 19–39.

156 Peter Breitling, Die großstädtische Entwicklung Münchens im 19. Jahrhundert, in: Helmut Jäger (Hg.), Probleme des Städtewesens im industriellen Zeitalter, Köln 1978, S. 178–196, hier S. 195; Bleek [wie Anm. 154], S. 28.

157 Angermair, Süddeutsche Metropole [wie Anm. 147], S. 315 f.; Bleek [wie Anm. 154], S. 61 ff.

158 Fisch, Stadtplanung [wie Anm. 154], S. 6 f.

159 Zum folgenden Bleek, Quartierbildung [wie Anm. 154], S. 79 ff., 93, 241–287; Fisch, Stadtplanung [wie Anm. 154], S. 15–25; Uli Walter, ›Altstadt‹ oder ›City‹? Stadtumbau um 1900, in: Prinz / Krauss, München – Musenstadt [wie Anm. 152], S. 98–106.

160 Viktor Mann, Wir waren fünf. Bildnis der Familie Mann, Konstanz 1949, S. 72 f.

161 Fisch, Stadtplanung [wie Anm. 154], S. 15.

162 Wolfgang Hardtwig, Soziale Räume und politische Herrschaft. Leistungsverwaltung, Stadterweiterung und Architektur in München 1870 bis 1914, in: ders. / Tenfelde, Soziale Räume [wie Anm. 106], München 1990, S. 59–153, hier S. 65.

163 Zur Straßenbahn ebd., S. 87 ff.; Fisch, Stadtplanung [wie Anm. 154], S. 118 f., 243.

164 Heyse, Jugenderinnerungen [wie Anm. 148], S. 212 f.

165 Zum folgenden Witzler, Großstadt und Hygiene [wie Anm. 23], S. 66–91, 120, 145 f., 194 ff.; Peter Münch, Stadthygiene im 19. und 20. Jahrhundert. Die Wasserversorgung, Abwasser- und Abfallbeseitigung unter besonderer Berücksichtigung Münchens, Göttingen 1993, S. 128–133, 167–179, 210–225; Clemens Zimmermann, Von der Wohnungsfrage zur Wohnungspolitik. Die Reformbewegung in Deutschland, 1845–1914, Göttingen 1991, S. 93 ff.

166 W. v. Borscht zit. nach Münch, Stadthygiene [wie Anm. 165], S. 253.

167 Max Halbe, Scholle und Schicksal. Geschichte meines Lebens, München 1933, S. 300 f.; ders., Jahrhundertwende. Geschichte meines Lebens 1893–1914, Danzig 1935, S. 144.

168 Erich Mühsam, Namen und Menschen. Unpolitische Erinnerungen, Leipzig 1949, S. 109–113; 166.

169 Mann, Wir waren fünf [wie Anm. 160], S. 74.

170 Zitiert nach Ludwig M. Schneider, Die populäre Kritik an Staat und Gesellschaft in München 1886–1914, München 1975, S. 59.

171 Mühsam, Namen [wie Anm. 168], S. 169.

172 Schneider, Populäre Kritik [wie Anm. 170], S. 96.

173 Ralf Zerback, Unter der Kuratel des Staates – Die Stadt zwischen Gemeindeedikt von 1818 und der Gemeindeordnung von 1869, in: Bauer, Geschichte [wie Anm. 36], S. 274–306, hier S. 292.

174 Anon., Münchens Ende als Kunststadt, in: Der Zwiebelfisch. Zeitschrift über Bücher und andere Dinge 13 (November 1921), S. 1–6, hier S. 4 f.

175 Zerback, Kuratel [wie Anm. 173], S. 288.

176 Zitiert nach Fisch, Stadtplanung [wie Anm. 154], S. 162.

177 Zum folgenden ebd., S. 140 f., 250 ff.; Hardtwig, Soziale Räume
   Anm. 162], S. 78 ff., 121; Dagmar Bäuml-Stosiek, Großstadtwachstum
   Eingemeindungen. Städtische Siedlungsplanung zwischen Vorsicht u.
   Vorausschau, in: Prinz/Krauss, München – Musenstadt [wie Anm. 152
   S. 60–68.

178 Josef Stübben, Städtebauliches aus Barcelona, in: Zeitschrift für Bauwesen
   65 (1915–16), S. 380–404, hier S. 402.

179 M. R. Bultó Blajot, Antología de elogios y descripciones de Barcelona, Barcelona 1968, S. 70.

180 Ebd., S. 70 f.

181 Exposición Universal de Barcelona. Libro del Centenario 1888–1988, Barcelona 1988, S. 311–365.

182 Zum folgenden Marilyn McCully, Els Quatre Gats: Art in Barcelona
   around 1900, Princeton 1978, S. 9–40.

183 Julius Posener, Barcelona – Gaudí im Auge, in: ders., Aufsätze und Vorträge
   1931–1980, Braunschweig 1981, 90–106, hier S. 95.

184 Marx-Engels-Werke, Bd. 33, Berlin 1966, S. 211.

185 Rosa Vaccaro, Industrialization in Spain and Italy (1600–1914), in: The
   Journal of European Economic History 9 (1980), S. 709–752, hier S. 711 f.,
   728; Gerhard Brunn, Regionalismus und sozialer Wandel: Das Beispiel Katalonien, in: Otto Dann (Hg.), Nationalismus und sozialer Wandel, Hamburg 1978, S. 157–185, hier S. 163.

186 Brunn, Regionalismus [wie Anm. 185], S. 164.

187 Zum folgenden Salvador Giner, The Social Structure of Catalunya, Sheffield ² 1984, S. 21–24.

188 Brunn, Regionalismus [wie Anm. 185], S. 163 f.

189 Alejandro Sánchez (Hg.), Protecció, ordre i llibertat. El pensamento i la
   política econòmica de la Comissió de Fàbriques de Barcelona (1820–1840),
   Barcelona 1990, S. 42 f.

190 Armando Montanari, Barcelona and Glasgow. The Similarities and Differ-
   ences in the History of Two Port Cities, in: The Journal of European Economic History 18 (1989), S. 171–189, hier S. 178; Klaus-Jürgen Nagel, Arbeiterschaft und nationale Frage in Katalonien zwischen 1898 und 1923,
   Saarbrücken 1991, S. 11–14.

191 Montanari, Barcelona and Glasgow [wie Anm. 190], S. 176; Nagel, Nationale Frage [wie Anm. 190], S. 17.

192 Zum folgenden Nagel, Nationale Frage [wie Anm. 190], S. 14–18; Vaccaro, Industrialization [wie Anm. 185], S. 746–750.

193 Oskar Jürgens, Spanische Städte: Ihre bauliche Entwicklung und Ausge-
   staltung, Hamburg 1926, S. 298.

194 Gary Wray McDonogh, Good Families of Barcelona: A Social History of
   Power in the Industrial Era, Princeton 1986, S. 21.

195 Pere Gabriel, La Barcelone ouvrière, in: Alejandro Sánchez (Hg.), Barcelone

1888–1929. Modernistes, anarchistes, noucentistes ou la création fiévreuse d'une nation catalane, Paris 1992, S. 68–83, hier S. 69.

196 Nagel, Nationale Frage [wie Anm. 190], S. 28–31; Jaume Vicens Vives, Los Catalanes en el siglo XIX, Barcelona 1986, S. 23.

197 Giner, Catalunya [wie Anm. 187], S. 16–20; Vicens Vives, Catalanes [wie Anm. 196], S. 120 ff.; Brunn, Regionalismus [wie Anm. 185], S. 166 f.

198 Zum folgenden Vicens Vives [wie Anm. 196], S. 113 ff.; McDonogh, Good Families [wie Anm. 194], S. 86–89.

199 Marx-Engels-Werke, Bd. 18, Berlin 1962, S. 481.

200 Zum folgenden Thomas Hall, Planung europäischer Hauptstädte. Zur Entwicklung des Städtebaus im 19. Jahrhundert, Stockholm 1986, S. 130–134; Martin Wynn, Spain, in: ders. (Hg.), Planning and Urban Growth in Southern Europe, London 1984, S. 111–164.

201 Hall, Planung [wie Anm. 200], S. 139 f.

202 Lluís Permanyer, Historia del Eixample, Barcelona 1990, bes. S. 93–111.

203 Jürgens, Städte [wie Anm. 193], S. 289, 304.

204 Barcelona. Stadt und Architektur (Essay: Josep Maria Montaner), Köln 1992, S. 53.

205 Jürgens, Städte [wie Anm. 193], S. 308 f.; Barcelona. Stadt und Architektur [wie Anm. 204], S. 55.

206 Nagel, Nationale Frage [wie Anm. 190], S. 35.

207 Zum folgenden ders., »Multikulturelle Gesellschaft« und staatliche Interventionspolitik in der Stadt Barcelona zwischen den Weltausstellungen von 1888 und 1929, in: Archiv für Sozialgeschichte 32 (1992), S. 1–31, hier S. 11–13; Jürgens, Städte [wie Anm. 193], S. 299; McDonogh, Good Families [wie Anm. 194], S. 194 f.

208 Zum folgenden Wolfgang Schivelbusch, Lichtblicke. Zur Geschichte der künstlichen Helligkeit im 19. Jahrhundert, München 1983; Cristina und Eduardo Mendoza, Barcelona modernista, Barcelona 1989, S. 34 ff.

209 Zit. nach McDonogh, Good Families [wie Anm. 194], S. 194 f.; zum folgenden ders., Le Liceo: théâtre des conflits, in: Sánchez, Barcelone 1888–1929 [wie Anm. 195], S. 61–67; Mendoza, Barcelona modernista [wie Anm. 208], S. 36–46.

210 Zum folgenden Nagel, Nationale Frage [wie Anm. 190], S. 103 f., 108–111, 123–133; Mendoza, Barcelona modernista [wie Anm. 208], S. 148–156.

211 Lutz Niethammer, Umständliche Erläuterung der seelischen Störungen eines Communalbaumeisters in Preußens größtem Industriedorf oder Die Unfähigkeit zur Stadtentwicklung, Frankfurt a. M. 1979.

212 Ludwig Börne, Gesammelte Schriften, Bd. 2, Leipzig 1908, S. 16 f.

213 Dieter Hoffmann-Axthelm, Die dritte Stadt. Bausteine eines neuen Gründungsvertrages, Frankfurt a. M. 1993, S. 11.

Auswahlbibliographie

Zur Stadtgeschichte allgemein

Maurice Agulhon (Hg.), Histoire de la France urbaine, Bd. 4: La ville de l'âge industriel, Paris 1983.

Tilman Allert u. a., Stadterfahrung – Stadtgestaltung. Bausteine zur Humanökologie, Heft 3, Tübingen 1988.

Peter Alter (Hg.), Im Banne der Metropolen, Göttingen 1993.

Hans Paul Bahrdt, Die moderne Großstadt. Soziologische Überlegungen zum Städtebau, Reinbek 1961.

Paul Bairoch, Cities and Economic Development, Chicago 1988.

Paul Bairoch / Jean Batou / Pierre Chèvre, La population des villes européennes – Banque de données et analyse sommaire des résultats 800–1850, Genève 1988.

Theo Barker / Anthony Sutcliffe (Hg.), Megalopolis: The Giant City in History, Basingstoke 1993.

Leonardo Benevolo, Die Stadt in der europäischen Geschichte, München 1993.

John Burnett, A Social History of Housing 1815–1970, London ²1986.

D. Cannadine / D. Reeder (Hg.), Exploring the Urban past: Essays in Urban History by H. J. Dyos, Cambridge 1982.

Jean Dethier / Alain Guiheux (Hg.), La ville, art et architecture en Europe, 1870–1993, Paris 1994.

H. J. Dyos / M. Wolff (Hg.), The Victorian City: Images and Realities, 2 Bde., London 1973.

Christian Engeli / Horst Matzerath (Hg.), Moderne Stadtgeschichtsforschung in Europa, USA und Japan, Stuttgart 1989.

Derek Fraser / Anthony Sutcliffe (Hg.), The Pursuit of urban history, London 1983.

Jürgen Friedrichs (Hg.), Stadtentwicklung in West- und Osteuropa, Berlin 1985.

Gotthard Fuchs / Bernhard Moltmann / Walter Prigge (Hg.), Mythos Metropole, Frankfurt am Main 1995.

Lothar Gall (Hg.), Stadt und Bürgertum im 19. Jahrhundert, München 1990.

Monika Glettler / Heiko Haumann / Gottfried Schramm (Hg.), Zentrale Städte und ihr Umland. Wechselwirkungen während der Industrialisierungsperiode in Mitteleuropa, St. Katharinen 1985.

Thomas Hall (Hg.), Planning and Urban Growth in the Nordic Countries, London 1991.

Rudolf Hartog, Stadterweiterungen im 19. Jahrhundert, Stuttgart 1962.

Susanne Hauser, Der Blick auf die Stadt. Semiotische Untersuchungen zur literarischen Wahrnehmung bis 1910, Berlin 1990.

Paul M. Hohenberg/Lynn Hollen Lees, The Making of Urban Europe 1000–1950, Cambridge, Mass./London 1985.

Wolfgang R. Krabbe, Kommunalpolitik und Industrialisierung. Die Entfaltung der städtischen Leistungsverwaltung im 19. und frühen 20. Jahrhundert. Fallstudien zu Dortmund und Münster, Stuttgart 1985.

Ders., Die deutsche Stadt im 19. und 20. Jahrhundert. Eine Einführung, Göttingen 1989.

Horst Matzerath, Urbanisierung in Preußen 1815–1914, 2 Bde., Stuttgart 1985.

John M. Merriman (Hg.), French Cities in the Nineteenth Century, New York 1981.

Heinz Reif, Die verspätete Stadt. Industrialisierung, städtischer Raum und Politik in Oberhausen 1846–1929, 2 Bände, Köln 1993.

Ders., Geschichte der Urbanisierung in Deutschland, Frankfurt a. M. 1985.

Jürgen Reulecke (Hg.), Die deutsche Stadt im Industriezeitalter, Wuppertal 1978.

Juan Rodriguez-Lores/Gerhard Fehl (Hg.), Städtebaureform 1865–1900, Bd. 1, Hamburg 1985.

Rolf Peter Sieferle, Fortschrittsfeinde. Opposition gegen Technik und Industrie von der Romantik bis zur Gegenwart, München 1984.

Manfred Smuda (Hg.), Die Großstadt als »Text«, München 1992.

Anthony Sutcliffe, Towards the Planned City. Germany, Britain, The United States and France, 1780–1914, Oxford 1981.

Ders. (Hg.), Metropolis 1890–1940, London 1984.

Hans-Jürgen Teuteberg (Hg.), Urbanisierung im 19. und 20. Jahrhundert, Wien 1983.

Ders. (Hg.), Stadtwachstum, Industrialisierung, Sozialer Wandel. Beiträge zur Erforschung der Urbanisierung im 19. und 20. Jahrhundert, Berlin 1986.

Jan de Vries, European Urbanization 1500–1800, London 1984.

P. J. Waller, Town, City and Nation: England 1850–1914, Oxford 1991.

Martin Weyer-von Schoultz, Stadt und Gesundheit im Ruhrgebiet 1850–1929. Verstädterung und kommunale Gesundheitspolitik dargestellt am Beispiel der jungen Industriestadt Gelsenkirchen, Essen 1994.

Beate Witzler, Großstadt und Hygiene. Kommunale Gesundheitspolitik in der Epoche der Urbanisierung, Stuttgart 1995.

Clemens Zimmermann, Von der Wohnungsfrage zur Wohnungspolitik. Die Reformbewegung in Deutschland, 1845–1914, Göttingen 1991.

Zu Manchester

John H. G. Archer (Hg.), Art and Architecture in Victorian Manchester, Manchester 1985.

Asa Briggs, Victorian Cities, London 1963.

Andrew Davies/Stephen Fielding (Hg.), Workers' Worlds: Cultures and Communities in Manchester and Salford, 1880–1939, Manchester 1992.

Richard Dennis, English Industrial Cities of the Nineteenth Century, Cambridge 1984.

James H. Johnson/Colin G. Pooley (Hg.), The Structure of Nineteenth Century Cities, London 1982.

Alan J. Kidd/K. W. Roberts (Hg.), City, class and culture. Studies of social policy and cultural production in Victorian Manchester, Manchester 1985.

Steven Marcus, Engels, Manchester and the Working Class, London 1974.

Gary S. Messinger, Manchester in the Victorian Age: The Half-Known City, Manchester 1985.

Robert Roberts, The Classic Slum – Salford Life in the First Quarter of the Century, Manchester ²1972, Harmondsworth 1973.

François Vigier, Change and Apathy. Liverpool and Manchester during the Industrial Revolution, Cambridge/Mass. 1970.

Zu St. Petersburg

Barbara A. Anderson, Internal Migration During Modernization In Late Nineteenth-Century Russia, Princeton, New Jersey 1980.

James Bater, St. Petersburg: Industrialization and Change, Montreal 1976.

Marshall Bermann, All That Is Solid Melts Into Air. The Experience of Modernity, New York ⁵1989.

Michael F. Hamm (Hg.), The City in Russian History, Lexington 1976.

Ders. (Hg.), The City in Late Imperial Russia, Bloomington 1986.

Heiko Haumann, Die russische Stadt in der Geschichte, in: Jahrbücher für Geschichte Osteuropas 27 (1979), S. 481–497.

Ders., »Ich habe gedacht, dass die Arbeiter in den Städten besser leben«. Arbeiter bäuerlicher Herkunft in der Industrialisierung des Zarenreiches und der frühen Sowjetunion, in: Schweizerische Zeitschrift für Geschichte, 43, 1993, S. 42–60.

Manfred Hildermeier, Bürgertum und Stadt in Rußland 1760–1870. Rechtliche Lage und soziale Struktur, Köln 1986.

Ders., Die Russische Revolution 1905–1921, Frankfurt a. M. 1989.

Michail P. Iroschnikow/Juri B. Schelajew/Ljudmila A. Protsai, Vor der Revolution: Das alte Petersburg, Köln 1991.

Karl Schlögel, Jenseits des Großen Oktober. Das Laboratorium der Moderne. Petersburg 1909–1921, Berlin 1988.

Gottfried Schramm (Hg.), Handbuch der Geschichte Rußlands, Bd. 3: 1856 bis 1945, Stuttgart 1983.

Zu München

Reinhard Bauer/Ernst Piper (Hg.), München. Ein Lesebuch, Frankfurt a. M. 1986.

Reinhard Bauer (Hg.), Geschichte der Stadt München, München 1992.

Stephan Bleek, Quartierbildung in der Urbanisierung. Das Münchner Westend 1890–1933, München 1991.

Stefan Fisch, Stadtplanung im 19. Jahrhundert. Das Beispiel München bis zur Ära Theodor Fischer, München 1988.

Andreas Grösslein, Die internationalen Kunstausstellungen der Münchner Künstlergenossenschaft im Glaspalast in München von 1869 bis 1888, München 1987.

Wolfgang Hardtwig/Klaus Tenfelde (Hg.), Soziale Räume in der Urbanisierung. Studien zur Geschichte Münchens im Vergleich 1850 bis 1933, München 1990.

York Langenstein, Der Münchner Kunstverein im 19. Jahrhundert. Ein Beitrag zur Entwicklung des Kunstmarkts und des Ausstellungswesens, München 1983.

Peter Münch, Stadthygiene im 19. und 20. Jahrhundert. Die Wasserversorgung, Abwasser- und Abfallbeseitigung unter besonderer Berücksichtigung Münchens, Göttingen 1993.

Gerhard Neumeier, München um 1900. Studien zur Sozial- und Wirtschaftsgeschichte einer deutschen Großstadt vor dem Ersten Weltkrieg, Frankfurt a. M. 1995.

Friedrich Prinz/Marita Krauss (Hg.), München – Musenstadt mit Hinterhöfen. Die Prinzregentenstadt 1886 bis 1912, München 1988.

Robert Eben Sackett, Popular Entertainment, Class, and Politics in Munich, 1900–1923, Cambridge, Mass. 1982.

Ekkehard Wiest, Gesellschaft und Wirtschaft in München 1830–1920: die sozioökonomische Entwicklung der Stadt anhand historischer Adreßbücher, Pfaffenweiler 1991.

Zu Barcelona

Barcelona. Stadt und Architektur (Essay: Josep Maria Montaner), Köln 1992.

André Barey, Barcelona. De la ciutat pre-industrial al fenomen modernista, Barcelona 1980.

Gerhard Brunn, Regionalismus und sozialer Wandel: Das Beispiel Katalonien, in: Otto Dann (Hg.), Nationalismus und sozialer Wandel, Hamburg 1978, S. 157–185.

Exposición Universal de Barcelona. Libro del Centenario 1888–1988, Barcelona 1988.

Felipe Fernández-Armesto, Barcelona: A Thousand Years of the City's Past, London 1991.

Salvador Giner, The Social Structure of Catalunya, Sheffield ²1984.

Robert Hughes, Barcelona – Stadt der Wunder, München 1992.

Temma Kaplan, Red City, Blue Period: social movements in Picasso's Barcelona, Oxford 1992.

David Mackay, Modern Architecture in Barcelona 1854–1939 [1985], Berlin 1989.

Marilyn McCully, Els Quatre Gats: Art in Barcelona around 1900, Princeton 1978.

Dies., Homage to Barcelona. The City and its Art, 1888–1936, London 1985.

Gary Wray McDonogh, Good Families of Barcelona: A Social History of Power in the Industrial Era, Princeton 1986.

Cristina und Eduardo Mendoza, Barcelona modernista, Barcelona 1989.

Klaus-Jürgen Nagel, »Multikulturelle Gesellschaft« und staatliche Interventionspolitik in der Stadt Barcelona zwischen den Weltausstellungen von 1888 und 1929, in: Archiv für Sozialgeschichte 32, 1992, S. 1–31.

Lluís Permanyer, Historia del Eixample, Barcelona 1990.

Alejandro Sánchez (Hg.), Barcelone 1888–1929. Modernistes, anarchistes, noucentistes ou la création fiévreuse d'une nation catalane, Paris 1992.

James K. J. Thomson, A Distinctive Industrialization: Cotton in Barcelona, 1728–1832, Cambridge 1992.

Jaume Vicens Vives, Los Catalanes en el siglo XIX, Barcelona 1986.

Christopher Woodward, The buildings of Europe: Barcelona, Manchester 1992.

Zur Großstadt heute

Hartmut Häußermann/Walter Siebel, Neue Urbanität, Frankfurt a. M. 1987.

Dieter Hoffmann-Axthelm, Die dritte Stadt. Bausteine eines neuen Gründungsvertrages, Frankfurt a. M. 1993.

Saskia Sassen, The Global City: New York, London, Tokyo, Princeton 1991.

Abbildungsnachweis

Quellen:

George R. Catt, A pictorial history of Manchester, 1843
Michail P. Iroschnikow u. a., Vor der Revolution. Das alte St. Petersburg, Köln 1991
Christina und Eduardo Mendoza, Barcelona modernista, Barcelona 1989
Lluís Permanyer, Historia del Eixample, Barcelona 1990
Friedrich Prinz/Marita Krauss, Hg., München – Musenstadt mit Hinterhöfen. Die Prinzregentenstadt 1886 bis 1912, München 1988
François Vigier, Change and Apathy. Liverpool and Manchester during the Industrial Revolution, Cambridge, Mass./London 1970